JN415444

설득 커뮤니케이션

설득 커뮤니케이션

초판1쇄 인쇄 2018년 8월 23일
초판1쇄 발행 2018년 8월 30일

지 은 이 김광협
펴 낸 이 신일희
펴 낸 곳 계명대학교 출판부
출판등록 제347-1998-1호(1970. 9. 1)
주 소 대구광역시 달서구 달구벌대로 1095
대표전화 053-580-6233
팩 스 053-580-6235
홈페이지 www.kmupress.com

ISBN 979-11-89468-30-9 93320 값 16,000원

• 잘못된 책은 교환하여 드립니다.
• 이 책은 저작권법에 따라 보호받는 저작물이므로 책의 내용 및 이미지에 대하여 전부 또는 일부를 무단으로 복사, 복제, 배포하거나 전산장치에 저장할 수 없습니다.

이 도서의 국립중앙도서관 출판예정도서목록(CIP)은 서지정보유통지원시스템 홈페이지(http://seoji.nl.go.kr)와 국가자료종합목록시스템(http://www.nl.go.kr/kolisnet)에서 이용하실 수 있습니다. (CIP제어번호 : CIP2018026531)

"이 연구는 지방대학특성화사업의 지원으로 이루어졌음"

설득 커뮤니케이션

김광협

계명대학교 출판부

머리말

현대는 설득의 시대라고 말할 수 있다. 우리 생활 속에서 중요한 역할을 하는 커뮤니케이션은 일반적으로 그 목적을 가지고 있으며, 그 목적 가운데 중요한 한 가지가 바로 설득이라고 할 수 있다.

우리는 매일 설득하고 또 설득당하면서 생활하고 있다. 설득을 잘 하는 사람도 있고, 설득을 잘 당하는 사람도 있다. 우리에게 이성적으로 접근하는 설득도 있고, 감성적으로 접근하는 설득도 있다.

이미 고대부터 설득의 중요성은 여러 철학자 또 과학자들의 흥미를 불러 일으켰고, 놀라울 정도로 많은 생각과 연구를 통해서 설득의 다양한 측면이 밝혀졌다. 그들의 관심을 살펴보면, 먼저 설득이 무엇인가 하는 정의의 문제부터, 설득메시지의 구성, 이야기를 전달하는 미디어의 특성, 설득의 대상이 되는 수용자의 특성까지 다양하다.

일상생활 중에서는 어떻게 설득전문가가 될 수 있는가 하는 다양한 논의가 존재하고, 실용적인 측면에서 설득에 대한 법칙을 다루고 있는 책들도 많다. 이 책은 연구자가 10년 동안 설득커뮤니케이션을 강의하면서 작성한 강의자료를 바탕으로 만들어진 책이다.

이 책은 이론이나 개념을 중심으로 설득을 설명하고 있으며, 이미 오래

전부터 다루어진 설득의 다양한 측면을 최대한 쉽게 설명하려고 했다. 또한 이론이나 개념의 이해를 바탕으로 실무적인 시사점을 가지고 있는 관련 이론도 제시했다.

이 책의 구성은 다음과 같다. 먼저 1장과 2장에서는 설득커뮤니케이션의 원리를 이해하기 위해서 커뮤니케이션과 매스커뮤니케이션의 기본적인 내용을 정리하였다. 3장에서는 설득커뮤니케이션의 정의와 간단한 역사를 설명하고 있으며, 4장과 5장에서는 전달자의 특성과 함께 메시지 구성요소를 설명하고 있다. 6장과 7장에서는 수용자와 그들이 가진 태도의 특성을 설명했다. 마지막으로 8장에서는 실제로 설득과 관련된 이론들을 통해서 실무적인 함의를 제시하려고 하였다.

모든 학문 영역이 그렇듯이 설득 또한 그 범위가 매우 방대하고, 또 관점에 따라서 다양한 접근이 가능하다. 부족하지만 이 책이 학생들에게 설득커뮤니케이션의 기본을 이해하고, 이 과정에 영향을 주는 다양한 환경요소들을 이해하는데 도움이 되었으면 하는 바람이다.

차 례

CHAPTER 1장 커뮤니케이션의 이해

CHAPTER 2장 매스커뮤니케이션

CHAPTER 7장 수용자론

CHAPTER 8장 설득커뮤니케이션 이론

1장

커뮤니케이션의 이해

제1장

커뮤니케이션의 이해

1. 커뮤니케이션

1) 커뮤니케이션의 시작

커뮤니케이션은 인간이 가진 가장 중요한 능력이자 특징이다. 서로 간의 직접적인 의미 전달뿐만 아니라 함축되고 암시적인 의미의 전달까지 인간의 커뮤니케이션은 그 과정이 매우 정교하며 복잡하다. 이 복잡하고 정교한 특성이 결국 지금까지 인간이 이룬 놀라운 발전의 토대가 되었다. 인간이 가진 커뮤니케이션 능력의 발전은 다양한 미디어의 발전과 연계하여 극대화되었다. 시간과 공간의 초월이라는 목적으로 미디어를 사용하기 시작했으나, 그렇게 만들어진 미디어는 인간 커뮤니케이션 발전의 원동력이 되었고, 더 나아가서 미디어 간 상호작용과 융합을 통해서 인간 커뮤니케이션 능력의 극대화를 이끌어내었다.

초기 인류는 원시시대 자연 속에서 생존의 효율성을 높이기 위해 커뮤니케이션을 시작했으며, 이렇게 시작된 커뮤니케이션은 동물과 차별화 할 수 있는 인류 문명의 발전을 이끄는 원동력이 되었다. 인류의 조상들은 간단한 소리나 기호로 사냥이나 위험을 알리는 등 생존에 필수적이고 기본적인 메시지를 서로에게 전달하였다. 위험을 알리거나 간단한 방향 지시와 같은 초기의 커뮤니케이션에에서 점점 더 복잡한 커뮤니케이션이 가능하게 되었다. 인간이 왜 인간이 복잡한 커뮤니케이션을 하게 되었는가에 대한 설명은 다양하다. 일부 학자는 인간의 직립보행에서 그 원인을 찾고 있으며, 또 다른 학자는 농경과 정착생활에서 그 원인을 찾고 있다.

지금과 같이 복잡한 상징을 이용해 커뮤니케이션하거나 다양한 미디어를 이용해 메시지를 저장하고 전달하는 것이 가능해진 것은 인류의 긴 역사 속에서 살펴보면 상대적으로 최근에 일어난 발전으로 이해할 수 있다. 이런 발전은 다양한 미디어의 등장 및 발전과 함께 진행되었다.

여기서 미디어(media)란 인간이 시간과 공간의 한계를 극복하여 정보를 저장하고 전달하는 커뮤니케이션을 가능하게 해준 유용한 도구이다. 농경사회에서 산업사회로 산업사회에서 다시 정보사회로 사회의 주된 산업구조가 변화하는 것을 가능하게 만든 기본적인 원동력도 이런 미디어의 비약적인 발전이라고 할 수 있다. 최근 인터넷 등 온라인 미디어의 빠른 발전은 현재 산업이 또 다른 새로운 산업으로 빠르게 변화한다는 것을 예측하게 한다. 온라인(최근에는 모바일) 미디어의 발전은 또 다른 산업의 활성화와 함께 이 미디어를 사용하고 있는 수용자의 생활 그 자체에도 근본적인 변화를 가져온다.

여기서 한 가지 주목해야 할 점은 미디어가 처음에는 단순히 커뮤니케이션을 원활히 하기 위한 도구로 등장했지만, 결과적으로는 이런 미디어의 특징이 인간의 커뮤니케이션 방법을 변화시키고 더불어 인간의 커뮤니케이션 능력 또한 변화시키고 있다는 것이다.

스마트폰을 생각해 보자. 우리 삶을 스마트폰 사용 전/후로 나누는 것이 어느 정도 타당성을 갖는 것처럼 보인다. 이런 커뮤니케이션의 변화는 인간 생활 그 자체에도 변화를 가져왔다. 거리에서 식당에서 심지어는 차안에서 우리는 거미줄처럼 많은 사람들과 연결되어 살아가고 있다. 짧은 역사에도 불구하고 스마트폰은 이미 우리에게 필수적인 미디어로 자리 잡았다. 사용 습관에 따라서 차이가 있겠지만, 대다수 현대인들은 삶의 상당 부분을 이 새로운 미디어에 할애하고 있다.

〈그림 1〉 크로마뇽인, 4만 년 전 출현

인간은 지구의 다른 종과는 분명히 구별될 수 있는 독특한 방법으로 서로 커뮤니케이션 하고 있다. 우리는 사회화 과정인 학습을 통해 문화

속에서 공유된 비교적 복잡한 언어적 혹은 비언어적 상징을 배우고 또 이를 통해 의사소통한다. 간단한 상징을 활용하기도 하지만, 때로는 매우 복잡한 상징을 사용하기도 한다. 이 상징은 우리가 속한 문화의 일부분이며, 역사 속에서 전해지면서 복잡하게 또 다양하게 발전되었다. 고래와 원숭이 등 일부 동물도 서로 의사소통 할 수 있다는 것이 밝혀졌으나, 인간의 커뮤니케이션은 동물의 본능적인 의사소통과 구별되는 인간만의 특징이며, 인류 문명이 발전할 수 있는 원동력으로 이해할 수 있다.

인류 언어의 기원을 살펴보면, 아마도 직접적으로 복잡한 언어를 구사할 가능성을 지닌 인류의 조상들은 4만 년 전에 존재하던 크로마뇽인(Cro-Magnon)부터라고 추측되고 있다[01]. 언어를 사용하기 위해서는 그에 필요한 성대 구조를 갖추는 것이 필요하다. 그들은 현대인과 비슷한 성대, 혀, 입술 구조를 가지고 있었던 것으로 추측되고 있다.

이런 초기 인류의 언어사용을 커뮤니케이션 역사에서 주목할만한 첫 혁명으로 우리는 평가할 수 있을 것이다. 체계적인 언어의 사용은 인간이 커뮤니케이션을 통해 더 복잡한 의미를 전달하는 것을 가능하게 했고, 이런 복잡한 의미의 교환은 결국 인간 생각의 비약적인 발전을 가능하게 했다. 상징을 통해 생각을 정리하고, 그 생각을 다시 표현하고, 또 다른 사람의 생각을 받아들이는 것이 가능해졌다는 것은 인간이 더 빠르게 더 많이 또 더 깊게 생각할 수 있는 협력적인 환경을 제공한다. 이런 집단지성[02]은 결국 문명의 발전을 이루는 원동력이 되었다.

---

01 Defleur Dennis, "Understanding Mass Communication"

02 다수의 개체들이 서로 협력하거나 경쟁을 통하여 얻게 된 지적 능력의 결과로 얻어진

또한, 언어 사용에 이어서 다양한 미디어를 통해 정보를 저장하고, 인출하고, 전달하는 효과적인 커뮤니케이션 미디어 체계의 발전은 또 다른 중요한 커뮤니케이션 혁명이라 할 수 있을 것이다.

초기 미디어에서는 이런 미디어의 발전에 약 천 년의 시간이 필요했으나, 미디어와 관련된 기술의 발전이 빨라지면서 또 경제적인 산업적인 필요에 의해서 새로운 미디어의 등장과 그 발전에 걸리는 시간은 점점 짧아지고 있다. 신문, 라디오, 텔레비전, 인터넷, 스마트폰 등 이런 빠른 미디어 발전의 구체적인 예를 우리 주위에서 쉽게 찾을 수 있다.

이처럼 언어의 사용에서 시작된 커뮤니케이션 발전은 진흙, 파피루스 등 고대 기록물, 책 등 인쇄물, 신문, 전신, 영화, 라디오, 텔레비전, 인터넷, 스마트폰 등 새로운 미디어의 등장을 통해 지속적으로 이루어졌다.

초기의 직접적인 면대면 커뮤니케이션과 비교해서 각종 미디어를 이용한 커뮤니케이션 과정은 시간과 공간을 극복하는 역할, 즉 메시지의 통로 역할을 미디어가 한다는 점으로 구별된다. 전달자는 미디어를 통해 메시지를 기록하고 전달하며, 수신자는 시간이 지난 후에도 그 내용을 확인할 수 있고, 다른 장소에서도 이 메시지를 통해 전달자의 의미를 파악할 수 있다.

각각의 미디어는 독특한 특징을 가지고 있으며 이런 미디어의 특징은 인간의 의사소통 방식과 함께 인간의 커뮤니케이션 능력을 변화시켰으며, 또한 사회 내에서의 정보 흐름의 방식을 변화시켰다. 이런 과정을 통해

집단적 능력을 일컫는 용어(두산백과)

커뮤니케이션의 혁명이라 불릴 수 있는 각각의 단계는 인류의 사회적 혹은 문화적 변화 및 발전을 초래했다.

인간은 그 시작점에서는 커뮤니케이션과 더불어 거친 환경에서 생존할 수 있었고 후에는 커뮤니케이션으로 인해 문명과 기술을 비약적으로 발전할 수 있었다.

그럼 이제 커뮤니케이션이란 과연 무엇이고 어떤 기능을 하는지 살펴보기로 하자. 다음 내용에서는 먼저 커뮤니케이션의 정의에 대한 내용을 살펴보고, 그 이후에는 커뮤니케이션이 우리 사회 속에서 어떤 기능을 하는지, 또 그 기능은 우리에게 어떤 측면에서 중요하며, 우리와 우리가 살아가는 사회에 영향을 주는지를 차례대로 살펴보기로 한다.

2) 커뮤니케이션이란 무엇인가

인간과 커뮤니케이션과의 관계를 이해하기 위해서는 먼저 커뮤니케이션이 무엇인가를 이해하는 것이 필요하다. 어떤 주제나 대상을 이해하는 가장 효과적인 방법은 그 주제나 대상에 대한 정확한 정의 및 그와 관련된 개념[03]을 이해하는 것이다. 사회과학방법론에서는 이 과정을 대상에 대한 개념화 단계로 설명하고 있다. 개념화 과정을

---

03 특정한 사물, 사건이나 상징적인 대상들의 공통된 속성을 추상화하여 종합화한 보편적 관념. 개념은 구체적 개념과 추상적 개념으로 구분되는데, 구체적 개념은 대상의 물리적 속성에 따라 구별하는 개념이고, 추상적 개념은 관찰될 수 없는 현상을 나타내는 공통적인 속성을 정의함으로써 구별하는 개념이다.(실험심리학용어사전)

통해서 주제나 대상의 주요한 특징을 정리하고, 그 특징을 통해서 주제나 대상을 더 명확하게 이해할 수 있다. 예를 들어서, 코끼리를 개념화 한다면, 큰 몸집, 긴 코, 원형의 두터운 다리, 회색 빛의 몸, 큰 귀 등으로 설명할 수 있다. 한 가지 특징으로는 코끼리를 이해할 수 없지만, 이렇게 그 특징들을 구체화시키면 결국 코끼리에 대한 명확한 이해를 위한 명료화가 가능해진다. 결국 개념화는 우리가 그 대상을 인식하는 가장 주요한 특징을 찾아서 정리하는 것이다. 이런 정의를 내리는 과정이 쉬어 보일 수도 있으나, 주제나 대상이 가진 복잡한 특성을 모두 반영하는 명확한 정의를 찾는 것은 매우 어려운 일이다.

커뮤니케이션은 신문방송학, 경영학, 심리학, 정치학, 경영학 등 다양한 학문 분야에서 연구되고 있기 때문에 이들 모두를 만족시킬 수 있는 공통적인 정의를 내리기는 어렵다. 하지만, 서로 다른 학문 분야에서 비교적 공통으로 공유될 수 있는 기본적인 관점에서 커뮤니케이션의 정의를 이해해보기로 한다.

먼저 커뮤니케이션(communication)이란 단어는 라틴어 커뮤니스(communis[04])에 그 어원을 두고 있으며, 이 라틴어 단어는 공통 혹은 공유를 의미한다. 즉, 커뮤니케이션은 서로의 의미를 공유하는 과정이며, 약속된 상징을 통해 공유된 의미를 주고받는 행위이다[05]. 공유된 의미라는 것은 전달자와 수신자가 가지고 있는 의미의 수렴 과정에서 만들어진다. 서로가 가

---

04 형용사: 공통적; 공동의, 공유(共有)의; 모두에게 해당되는, 공공(公共)의, 공중(公衆)의.(Naver 라틴어사전)

05 오택섭 · 강현두 · 최정호, "미디어와 정보사회"

진 의미가 한 지점에서 만난다면 완전한 상호이해가 가능해진다. 여기서 사용되는 상징은 언어적 요소뿐 아니라 몸짓과 표정과 같은 비언어적 요소도 함께 포함된다. 의사를 공유하는 과정으로서 커뮤니케이션은 인간의 삶을 영위하는 데 없어서는 안 되는 필수적 사회적 상호작용이며, 우리가 관련을 맺고 있는 사람 혹은 세상을 향해 메시지를 보내고, 반고, 해석하는 일련의 과정이라고 할 수 있다.

이런 커뮤니케이션 과정의 특성을 살펴보면, 가장 먼저 커뮤니케이션 당사자 간의 의미의 공유를 들 수 있다. 의미의 공유란 사회 구성원들이 커뮤니케이션을 통해서 자신들의 생각을 교환하고, 특정 주제에 대한 의견을 모으는 과정으로 이해할 수 있다. 여기서 구성원 간에 교환되는 것은 유형의 물질이나 재화가 아닌 무형의 의미이다. 성공적인 의미의 공유가 결국 커뮤니케이션의 성공을 결정한다. 여기서 전달자는 단순히 자신의 의미를 일방적으로 전달하는 것뿐만 아니라 자신의 가지고 있는 의미를 변화하기도 한다. 결국 커뮤니케이션은 일방적인 의미의 전달 과정이라기보다는 상호작용을 통해서 전달자와 수신자가 서로 공유할 수 있는 의미를 만들어가는 역동적인 과정으로 이해할 수 있다.

이런 커뮤니케이션 과정은 또한 의도성을 갖는다. 일반적으로 모든 커뮤니케이션은 특정한 목적을 가지고 있으며, 이 목적을 달성하기 위해 행해진다. 마케팅 커뮤니케이션이 가진 설득적 목적이 의도성의 대표적인 예라고 할 수 있다. 마케팅 커뮤니케이션은 수신자들에게 제품이나 서비스에 대해서 설명하면서, 관련 정보를 전달하고, 이 정보를 통해서 제품이나 서비스에 대한 수신자의 호의적인 태도를 형성하며, 이 태도가 구매라는 특정 행동으로 연결되는 것을 최종 목표로 한다. 마케팅 커뮤니케이션은 그 목적이 비교적 뚜렷하지만, 다른 종류의 커뮤니케이션도 그 목적이 무엇이건 어떤 의도성을 가지고 진행되는 것이 일반적이다.

전달자의 의도가 상대방에 의해 잘못 받아들여지면, 커뮤니케이션 과정에서 의미 전달에 오해가 생길 수 있다. 오해는 결국 상호 의미의 수렴이 이루어지지 않는 상황이라고 할 수 있다. 오해는 커뮤니케이션 과정에서 중요한 방해 요소로 작용하며, 오해를 방지하기 위해서는 커뮤니케이터들 사이의 의미의 공유가 필요하다. 의미 공유가 어려운 근본적인 생각이 다른 발신자와 수신자는 커뮤니케이션 오해를 겪기 쉽다.

또한, 커뮤니케이션 과정에서 전달자가 의도하지 않은 효과가 발생하기도 하고, 미처 생각하지 못했던 효과가 발생하기도 하며, 때로는 전달자가 의도한 방향과는 반대로 커뮤니케이션 효과가 나타나기도 한다. 오해는 아마도 의미를 전달하는 상징의 부적절한 사용이나 상징에 대한 상호 이해가 다른 상황에서 관찰될 가능성이 높다. 이런 의도하지 못하는 효과는 상징의 잘못된 해석이나, 편견과 같은 수용자의 독특한 특성에 기인하기도 한다.

커뮤니케이션 과정은 상징성을 갖는다. 전달자는 무형의 의미를 서로 이해할 수 있는 유형의 실체로 형태화시키는 작업(encoding)을 통해 커뮤니케이션 한다. 이 코딩 과정에 다양한 상징을 사용하게 되는데 발신자는 수신자와 문화 내에서 서로 공유되는 상징을 사용해야 하며, 효과적인 커뮤니케이션을 위해 가장 적합한 상징은 무엇일까를 고민해야 한다. 설득 과정에서 메시지 구성이 중요한 이유가 바로 이런 상징성의 특징 때문이다. 커뮤니케이션에서는 서로 명백히 이해할 수 있는 상징을 이용하는 것이 중요하며, 더 나아가서 커뮤니케이션 의미를 표현할 수 있는 효과적인 상징을 찾는 것이 필요하다.

때로는 우리가 사용하는 상징이 전달하려는 사물이나 현실을 제대로 전달하기에 부족한 경우도 있다. 아기를 묘사하는 '귀엽다'라는 단어는 우리가 가진 아기에 대한 감정을 전달하기에는 부족하다는 느낌이 든다. '사랑한다' 또한 우리가 가진 일반적인 상징으로 표현하기에는 부족한 대표적인 감정 표현이다. 우리가 가진 강렬한 감정이나 생각을 제대로 표현하기에는 사용할 수 있는 상징이 부족하다는 것은 우리가 일상생활에서 흔히 느끼는 현상이다. 시나 음악이 우리에게 큰 공명을 일으키는 이유는 바로 이런 감정을 미적으로 잘 표현했기 때문이다.

또한 수용자에게 강렬한 느낌을 전달할 수 있는 특정한 상징의 사용을 통한 커뮤니케이션 의미의 극대화도 가능하다. 사상과 이념의 경계로 적과 아군을 구별하기 위한 빨갱이, 보수꼴통 등 감정을 극대화시키는 극단적인 언어의 사용이나, 자유, 해방, 피, 동지 등 우리의 감정을 자극할 수 있는 용어는 다양하다. 반대로 현실의 큰 의미를 약화시키는 커뮤니케이션 전략을 활용할 수도 있다. 그 예로, 해고와 같은 극단적인 의미를 희석하기 위해 구조조정 같은 부드러운 언어를 사용하기도 한다. 극단적 단어의 사용은 수용자로부터 강렬한 감성적 반응을 이끌어낼 수도 있고, 부드러운 언어의 사용은 수용자의 부정적인 강렬한 감정을 중화할 수 있다. 일반적으로 정치나 전쟁에서 사용되는 선전에서 특히 많이 활용되는 전술이다.

마지막으로 커뮤니케이션 과정은 상호작용성을 가지고 있다. 커뮤니케이션은 끊임없는 상호작용을 통해 진행된다. 일방향적인 커뮤니케이션보다는 양방향적인 커뮤니케이션이 더 효과적이며, 실제로 커뮤니케이션 과정에서는 전달자와 수신자 간의 끊임없는 의미 교류가 이루어진다. 커뮤니케이션 과정에서 전달자가 끊임없이 수신자의 신호에 주의를 기울이는 이유가 바로 이 상호작용성이다. 상호작용을 통해 더 효과적인 커뮤니케이션이 이루어질 수 있다는 점에서 커뮤니케이션은 정체되지 않고 끊임없이 변하는 과정으로 생각할 수 있다. 최근에는 미디어의 발전을 토대로 이런 커뮤니케이션 상호작용의 특징이 더 강화되기도 하고 또 약화되기도 한다. SNS(social network service)와 같은 새로운 커뮤니케이션 통로에서는 다른 사람의 반응을 실시간으로 확인할 수 있고(예: 좋아요나 댓글을 통해서), 이런 반응을 통해서 그에 맞는 또 다른 메시지를 생성할 수 있다. 반면에 커뮤니케이션 미디어의 발전이 전통적인 면대면 커뮤니케이션 등 직접적인 커뮤니케이션 및 상호작용의 약화를 가져오기도 한다. 한 미디어에 특화된 능력은 다른 미디어의 능력이 감소하게 되는 이유이기도 하다.

상징적 상호작용주의(Symbolic Interactionism)는 허버트 블루머(Herbert Blumer)가 제안한 이론으로 사회의 상호작용을 설명하는 대표적인 이론 중 하나이다. 여기서 제시된 상징적 상호작용주의의 세 가지 중요한 전제 및 가정은 아래와 같다

① 인간은 어떤 대상에 대해 커뮤니케이션을 포함하는 행동을 할 때, 그들에게 할당한 의미를 기준으로 행동한다. 즉, 호감을 갖는 대상이나 적대감을 갖는 대상처럼 이미 의미를 부여하고 있다면, 그 의미를 기준으로 커뮤니케이션하게 된다.

② 의미는 사람들이 공유하는 사회적 상호작용으로부터 발생한다. 조지 미드(George Herbert Mead)는 상징적 이름짓기가 인간

사회의 기초(지식의 확장, 사물에 대한 이름 부여의 확장)라고 주장했다. 결국 어떤 대상에 대한 명칭이 의미를 공유할 수 있는 상징으로 활용되며, 이 상징의 의미는 결국 지속적인 상호작용으로부터 학습되며, 또 사용되면서 구축된다. 이런 의미에서 상징은 또한 사회의 교육된 의미와 가치를 담고 있는 자극체로 이해할 수 있다.

③ 어떤 상징에 대한 개인의 해석은 그 자신의 사고 과정에 의해 조정된다. 결국 전달된 상징은 개인의 사고를 통해서 그 의미가 파악되고, 이런 사고 과정은 내적인 대화(minding)이며 개인이 생각하는 순간으로 이해할 수 있다.

상징적 상호작용주의[06]는 자아의 파악을 '거울 반사'라는 개념으로 설명한다. 일반적으로 우리는 다른 사람의 보는 방식을 스스로 상상하고, 다른 사람의 역할을 수행함으로써 우리 자신의 자아에 대한 개념을 형성(looking glass self)한다. 실제로 내가 파악하려고 하는 자아와 다른 사람이 보는 자아 사이에 충돌이 일어날 수도 있고, 일치할 수도 있지만, 대부분의 경우 사회규범 혹은 타인의 시선으로 자아를 파악하며, 결국 이 과정을 자아(I)와 객체(me)의 지속적인 결합 과정으로 이해할 수 있다.

이 과정에서 공동체의 사회 규범은 타인의 기대를 사회화하는 효과를

---

06 인간은 자신에게 할당된 의미의 기초 위에서 사람과 사물, 그리고 사건에 대한 실재를 규정한다. 상징적 상호작용주의는 인간의 자아 형성에 미치는 언어와 상징의 사회적 역할을 강조함으로써 어떤 대상을 지각한다는 것이 개인적인 것이 아니라 사회적 과정을 거친다는 사실을 강조

가지며, 사회 속에서 제시되는 일반화된 타자(generalized other; 사회의 일반적 기대와 태도)의 모습에 나를 비교하게 되며, 그 타자의 모습을 따르려고 한다. 사회구성원과 동일한 의미 및 행동을 통해서 자신과 행동에 의미를 부여한다.

그 대표적인 사례로 어린이의 사회화 과정을 들 수 있다. 어린이는 성장 과정에서 주위 사람에게 어떻게 대접받는가에 따라서 자신의 자아개념을 형성하게 된다. 어린이가 자라면서 받는 타인의 평가에 따라서 자아를 형성한다는 점에서, 자존감을 높일 수 없는 지속된 꾸중 속에서 자라는 아이와 칭찬을 받으며 자란 아이 사이의 자아 형성에는 큰 차이가 있다.

이렇게 커뮤니케이션 과정은 의미 공유, 의도성, 상징성, 상호작용성 등의 주요한 특징을 가지고 있으며, 이런 커뮤니케이션의 특성을 이해하고 노력해야만 효과적인 커뮤니케이션이 가능하다는 결론을 얻을 수 있다.

2. 커뮤니케이션의 기능

커뮤니케이션은 우리가 살고 있는 사회에서 중요한 역할을 하고 있는데, 그것은 커뮤니케이션이 사회를 유지하고 발전하는 기초적인 역할을 하고 있기 때문이다. 커뮤니케이션의 기본적인 기능을 개인적인 차원의 기능과 사회적 차원의 기능으로 나눌 수 있다. 개인적인 차원은 주로 커뮤니케이션을 개인에게 활용될 수 있는 측면에서 이해하는 것이며, 사회적인 차원의 경우에는 사회 속에서 커뮤니케이션이 어떤 기능을 하고 있는가를 살펴보는 것이다.

먼저 개인적인 차원에서 커뮤니케이션의 기능은 사회와의 상호작용을 통한, 개인의 사회적 생존을 가능하게 한다. 필연적으로 인간은 집단 속에서 존재하며, 집단 내에서의 사회적 관계를 통해서 살아간다. 사회적 관계를 원활하게 유지하기 위해서는 커뮤니케이션이 반드시 필요하다.

이런 사회적 집단은 다양한데, 가족과 놀이집단 같은 1차 집단은 구성원 사이의 대면 접촉을 통해 친밀하게 결합된 비공식적인 집단이며, 개인의 기본적인 인격 형성에 영향을 주며 기초적인 사회생활을 배우는 개인에게는 익숙한 1차적인 집단이다. 1차 집단에서의 커뮤니케이션은 친밀하며, 때로는 그 과정에서 비공식적인 상징을 사용하기도 한다.

반면에 회사나 각종 사회단체와 같은 2차 집단은 구성원이 어떤 공통의 목적 달성을 위한 수단적인 만남을 바탕으로 결합된 공식적인 집단이다. 2차 집단의 구성원은 의식적이고, 인위적 상호작용을 중시하며, 일련의 체계를 갖추고 있다. 2차 집단에서는 커뮤니케이션이 일반적으로 조직적인 시스템을 통해 이루어지며, 그 과정에서 엄격한 예절을 요구하기도 한다.

이렇게 다양한 집단 내에서 효과적으로 생활하기 위해서 커뮤니케이션은 인간이 갖추어야 할 가장 기본적인 능력이라고 할 수 있다. 사회가 복잡해지면서 더 많은 개인과 또 다양한 집단 속에서 커뮤니케이션하게 되었고, 개인이 가지고 있는 커뮤니케이션 능력의 중요성이 더욱 강조되고 있다. 물론 최근에는 개인주의가 강화되면서, 이런 직접적인 만남을 최소화하는 사람들도 관찰되고 있다. 하지만 여전히 사회적 생존을 위한 기본적인 커뮤니케이션은 중요하다.

다음으로 사회적 차원에서의 기능을 살펴보면, 커뮤니케이션은 사회를 조정하고 유지하는 수단으로 쓰이기도 하며, 이런 과정을 통해 사회를 형성하고 발달시키는 중요한 역할을 한다. 이런 사회적 차원에서의 커뮤니케이션의 기능은 다시 정보적 기능(Information), 오락적 기능(Entertainment), 문화전수적 기능(Education & Culture), 설득적 기능(Persuasion) 등으로 분류할 수 있다.

정보적 기능을 살펴보면, 인간은 살아가면서 많은 정보를 필요로 하며, 대부분의 경우, 커뮤니케이션을 통해 우리에게 필요한 정보를 얻는다. 타인과의 면대면 커뮤니케이션을 통해 정보를 얻기도 하지만, 날씨, 교통, 경제, 문화 등 일반 개인이 직접적으로 정확한 정보를 얻기 어려운 분야에서는 미디어를 통해서도 정보를 얻을 수 있다. 과거에는 직접적인 대면 접촉으로부터 주로 필요한 정보를 얻었으나, 현재는 미디어를 통해 더 많은 정보를 얻고 있다. 즉, 직접적인 개인의 경험을 통해 정보를 얻는 일은 줄어들었고, 미디어를 인간이 경험할 수 있는 감각기관의 일부처럼 확장하여 예전에는 우리가 얻기 어려웠던 정보까지도 얻고 있다. 미디어가 현실을 그대로 반영하고 그 느낌을 전달할 수 있는가에 대한 반론이 있을 수도 있으나, 최대한 비슷하게는 우리에게 그 느낌을 전달하려는 노력이 계속되고 있다.

최근에는 인터넷 등 새로운 미디어의 빠른 발달로 우리는 "정보 과잉"이라는 새롭고 독특한 문제를 경험하고 있다. 검증되지 않은 수많은 정보가 인터넷을 채우고 있으며, 때로는 의도를 가진 가짜 정보[07]도 쉽게 찾을 수 있다. 이제는 정보를 찾는 일보다 엄청나게 늘어난 정보 속에서 필요한 정보를 찾고 그 정보의 신뢰성을 파악하는 것이 중요해지고 있다. 실제로 개인에게 필요한 정보를 선별하여 제공하는 서비스가 시장에서 큰 성공을 거두고 있다. 예를 들면, 네이버와 같은 지식사이트는 개인의 궁금한 점을 쉽게 묻고 답할 수 있도록 한다.

리처드 슈말렌지(Richard Schmalensee)는 제품의 공급자와 수요자를 연결하는 서비스를 하는 새로운 기업 모델을 촉매기업이라고 명명했다. 집단과 집단 사이를 연결해주는 기업이며, 둘 이상의 다른 대상의 반응을 일으키거나 촉진하는 물질인 촉매와 닮았다는 데서 유래된 말이다. 결혼중개업, 부동산중개업 등은 전통적인 촉매기업이며, 서로를 필요로 하지만 직접 일일이 만나기 어려운 집단을 효과적으로 연결시키는 것이 촉매기업의 임무다. 커뮤니케이션에서는 이렇게 믿을 만한 정보를 연결해 주는 역할을 하는 네이버 같은 기업이 촉매기업의 대표적인 예라 할 것이다.

결국 커뮤니케이션은 현대인들이 삶에 필요한 정보를 얻을 수 있도록 돕는 중요한 기능을 하고 있다. 하지만 인터넷의 자유로운 확장성이 위협받는 상황을 만드는 것도 또한 이런 정보 서비스이다. 실제로 자유로운 정보의 소통이 몇몇 기업에 의해서 제한되고 정보의 유통이 독점되는

---

07 가짜 뉴스: 거짓 정보를 사실인 것처럼 포장하거나 아예 없었던 일을 언론사 기사처럼 만들어 유포하는 것으로, 페이크 뉴스(Fake News)라고도 한다. 2010년대 이후로 인터넷이 발달하고 사회관계망 서비스가 급속히 확산되면서 언론사가 아닌 개인들이 사실이 아닌 내용을 진짜 뉴스처럼 퍼뜨리는 사태가 많이 일어나면서 가짜뉴스가 사회 문제로 대두되고 있다

현상 또한 관찰되고 있다. 독점적인 인터넷 기업은 전통적인 의미에서의 독점적인 매스미디어의 역할을 인터넷 상에서 할 가능성도 존재한다.

커뮤니케이션은 또한 오락적 기능을 하고 있다. 기본적인 의식주의 확보가 가능해지면서 인간의 삶에서 여가시간을 보낼 수 있는 오락의 중요성이 커졌다. 또한 삶의 행복을 추구하는 라이프스타일이 중요해지면서 커뮤니케이션의 오락적 기능은 우리에게 매우 중요하다. 우리는 일상생활 속에서 친구 혹은 가족과 이야기하거나, 영화를 보거나, 텔레비전을 시청하거나, 인터넷을 활용하며 여가시간을 보낸다.

미디어의 오락적 기능은 바쁜 현대인에게 더 중요해지고 있다. 커뮤니케이션과 연관된 산업 중에서 엔터테인먼트 산업이 그 규모가 가장 큰 것으로 추정되고 있으며, 미디어의 콘텐츠가 갖는 가장 중요한 특성은 결국 재미라고 할 수 있다. 현실보다 더 현실 같은 미디어 콘텐츠가 등장하고, 기술의 뒷받침을 받은 게임 및 각종 엔터테인먼트 콘텐츠는 놀라운 속도로 성장하고 있다.

이렇게 커뮤니케이션의 오락성이 중요한 역할을 하면서 그로 인한 사회적인 문제 또한 생겨났다. 많은 대중이 공통적으로 흥미를 느낄 수 있는 주제를 찾아야 하는 미디어는 자극적인 내용의 저질 프로그램을 양산하기도 한다. 미디어의 종류가 다양해지고 그 수가 늘어나는 상황에서 미디어 간 경쟁이 더욱 치열해지면서 함량 미달의 많은 프로그램이 수용자에게 전달되고 있다.

예를 들면, 비교적 심의가 까다롭지 않은 케이블방송과 위성방송에서 저질 프로그램이 방송되고 있다. 이들은 미성년자 시청제한 표시를 붙이는 것만으로 그들의 책임을 다하고 있다고 주장하고 있다. 또한, 누구나 정보의 생산자와 공유자가 될 수 있는 인터넷에서는 우리 사회의 풍속을 저해할 수 있는 수많은 프로그램이 생산 확대되고 있다. 더 문제를 힘들게 하는 것은 이제 미디어 방송의 개인화가 이루어지면서 그 채널의 수가 늘어나고, 이런 채널들 간의 경쟁이 격화되고 있다는 것이다.

커뮤니케이션의 오락적 기능은 나날이 중요해지고 있으나, 그 실질적인 구현 방법이나 내용에 대해서는 여전히 많은 논의가 필요한 상황이다. 하지만 이런 역기능에도 불구하고, 커뮤니케이션은 오락적 기능을 통해 인간에게 즐거움을 주는 매우 중요한 역할을 하고 있다.

사회 유지를 위한 문화의 전수 혹은 교육 또한 커뮤니케이션의 주요한 기능이다. 초기 사회에서는 필요한 정보를 가족 혹은 집단 구성원 사이의 면대면 커뮤니케이션을 통해 주로 얻었다. 직접적인 경험을 통해 얻어진 생활의 지혜와 사회의 규범과 문화는 다음 세대에게 다시 면대면 커뮤니케이션을 통해 전달되었다.

하지만 산업사회로 접어들면서 문화의 전수를 담당하는 교육이 체계화되었고, 사회의 축적된 규범과 문화가 교육을 통해 다음 세대로 이어지게 되었고, 이를 담당하는 공식적인 학교가 발전하게 되었다. 즉, 가족, 친구, 이웃이 담당하던 문화전수의 기능이 공식적인 교육기관인 학교로 옮겨진 것이다. 사회에 필요한 표준화된 지식을 교육하는 기능을 학교가 담당하기 시작했다.

또한, 현대 사회에서는 이런 체계적인 교육 이외에도 매스미디어를 통한 문화전수의 기능이 점차 강화되고 있다. 어린이와 청소년들은 점점 더 미디어와 친숙해지고 있으며 가족과 친구, 학교에서 보내는 시간보다 개인적으로 미디어를 이용하는 시간이 늘어나고 있다. 미디어를 잘 이해하지 못하고, 사용하지 못하는 구성원들을 일컫는 미디어문맹(media illiteracy)이라는 말이 생길 정도로 미디어의 발전 속도는 빠르고 나이든 세대는 새로운 미디어를 사용하는 방법을 제대로 숙지하지 못하고 있으나 새로운 세대에게는 미디어의 중요성이 오히려 더 커지고 있다. 어린이와 청소년은 새로운 미디어에 대한 적응이 빠르며 이런 미디어 적응 능력은 새로운 미디어에 청소년이 중독되는 현상까지 만들어내고 있다. 인터넷 중독이 그 대표적인 예일 것이다. 휴대폰 같은 미디어도 어린 세대들에게는 필수적인 커뮤니케이션 수단으로 자리 잡았으며, 또 다른 중독의 문제 또한 양산하고 있다. 이처럼 미디어의 종류와 미디어와의 접촉이 늘어나면서 사회에서 전통적인 방법을 통해 배웠던 다양한 문화를 미디어를 통해 습득하는 일이 늘어나고 있다.

〈그림 2〉 MOOC

출처: http://industryarcblog.com

최근에는 학교에서 이루어지던 공식적인 교육까지도 온라인을 통해 이루어지기도 한다. MOOC(Massive Open Online Courseware)는 공식적인 온라인 교육을 대중화시키는 시도로 지금까지는 비교적 성공적이라고 평가받고 있으며, 동시에 유튜브 등 오픈서비스에서는 단순한 취미부터 복잡한 철학 문제까지 우리가 배울 분야와 관련된 내용을 쉽게 찾아볼 수 있다. 젊은 세대에게 무엇인가 궁금한 것을 배울 수 있는 가장 손쉬운 수단으로 이미 많이 활용되고 있다.

마지막으로 광고와 PR, 정치 선전 등에서 특히 중요한 커뮤니케이션의 설득적인 기능이 있다. 커뮤니케이션의 중요한 목적 가운데 하나는 다른 사람을 설득하는데 있다. 부모님의 자녀에 대한 교육, 선생님의 학생들에 대한 교육 등 다른 사람을 설득하기 위해 커뮤니케이션 해야 하는 많은 상황이 존재한다. 우리도 우리 주위에서 이런 상황이나 예를 쉽게 찾을 수 있다.

이런 설득 이외에도 자본주의를 근간으로 하는 현대사회의 대표적 설득은 기업의 광고나 PR과 같은 상업적인 마케팅 커뮤니케이션을 생각할 수 있다. 다양한 미디어를 통해서 기업은 광고나 PR이라는 방법으로 제품이나 브랜드 관련 이미지를 향상시키려고 끊임없이 소비자와 커뮤니케이션 한다. 또한, 정치에서도 커뮤니케이션의 설득적 기능의 중요성은 두드러지게 나타난다. 과거 소규모 사회에서는 대중연설이라는 커뮤니케이션 방법을 통해 후보자가 자신의 의견을 유권자에게 전할 수 있었다. 대중들을 대상으로 하는 후보자 연설회는 가장 보편적인 정치 선전의 장이었다. 하지만 바쁜 현대사회에서는 실제로 많은 수의 청중을 모으는 것이 불가능한 일이 되었고, 텔레비전과 인터넷 등 미디어를 통해 유권자들에게 커뮤니케이션하는 것이 보편화 되었다. 이런 커뮤니케이션의 설득적 기능에 대해서는 많은 우려가 존재하는 것 또한 사실이다. 광고나 PR, 정치에서의 선전과 같은 커뮤니케이션은 강자와 약자 간의 커뮤니케이션의 대표적 예라고 할 수 있다. 따라서 커뮤니케이션 내용의 진실성 확보를 위한 감시 기능을 필요로 하기도 한다. 이런 우려에도 불구하고 커뮤니케이션은 우리 사회의 많은 곳에서 설득적인 기능을 하고 있다.

이상에서 살펴본 바와 같이, 인간은 커뮤니케이션을 생활에 필요한 정보를 얻는 수단으로, 때로는 문화 전수 및 교육을 위한 수단으로 활용하고 있으며, 다른 사람을 설득하고, 즐거움을 얻기 위한 오락의 수단으로까지 다양하게 활용하고 있다.

〈표 1〉 커뮤니케이션 기능

커뮤니케이션 기능	내용
정보적 기능(Information)	필요한 정보를 제공하는 기능
오락적 기능(Entertainment)	오락을 제공하는 기능
문화전수적 기능(Education & Culture)	문화를 다음 세대로 전하는 기능
설득적 기능(Persuasion)	광고, PR, 정치 선전 등 태도와 행동의 변화를 목적으로 하는 기능

사회가 복잡해지고 미디어 및 정보 관련 서비스가 현대의 주요한 산업으로 자리 잡은 상황에서 커뮤니케이션의 중요성은 나날이 더해가고 있는 추세이다. 빠른 커뮤니케이션 및 미디어 관련 기술의 발전과 더불어 정보 혹은 데이터의 중요성은 점점 커지고 있다. 다음으로는 이렇게 중요한 역할을 하고 있는 커뮤니케이션을 더 잘 이해하기 위해서 그 과정을 설명할 수 있는 기본적인 커뮤니케이션의 이론적 모형을 살펴보기로 하자.

3. 커뮤니케이션 과정

모든 커뮤니케이션은 그 과정에서 비교적 공통적인 특성을 관찰할 수 있다. 커뮤니케이션 과정을 설명하는 가장 기본적인 커뮤니케이션 선형 모델[08]은 이 과정을 모두 여섯 개의 단계로 요약하고 설명하고 있다. 이 단계들은 단순하게 보이기도 하지만 전체 커뮤니케이션 과정을 이해하기 쉽게 설명하고 있다. 물론 실제 커뮤니케이션 과정에서는 다수의 커뮤니케이션이 동시에 일어나면서, 전달자가 수신자가 됨과 동시에 수신자도 전달자의 역할을 하는 등 조금 더 복잡한 과정으로 전개된다. 또한 커뮤니케이션 과정 중에서 전달자와 수신자 사이에 지속적인 환류(feedback)를 통해 서로 정보를 공유하기도 하며, 또한 그 과정에 방해요소로 작용하는 다양한 잡음(noise)에 의해 커뮤니케이션이 성공하거나 실패하기도 한다.

이처럼 많은 요소들이 커뮤니케이션 과정에 영향을 주는 것을 고려하면 단순한 선형 모형으로 이 모든 것을 설명할 수는 없다. 하지만 공통적인 특성을 설명할 수 있는 기본적인 선형 모형의 이해를 통해 인간 커뮤니케이션의 기본 구조를 이해할 수 있다. 아래의 여섯 가지 단계가 이 선형 모형을 구성하고 있으며, 잡음(noise)과 환류(feedback)라는 과정 또한

08 David Berlo는 Shannon과 Weaver의 1949년 선형 커뮤니케이션 모형을 확장, 송신자(Sender)–메시지(Message)–채널(Channel)–수신자(Receiver) SMCR 커뮤니케이션 모형을 제시

커뮤니케이션 결과에 영향을 준다.

① 커뮤니케이션은 특정한 의미를 전달하기 위해 메시지를 만들려는 전달자의 의지로부터 시작된다.
② 전달자는 전달하고자 하는 특정한 의미를 수신자와 공유할 수 있는 언어와 비언어적인 상징으로 변환하여 메시지를 작성한다.
③ 이렇게 작성된 메시지가 다양한 방법을 통해 수신자에게 전달된다. 이 과정은 언어일 수도 문자일 수도 있으며 시간과 공간의 한계를 극복하는 다양한 미디어가 이용될 수도 있다.
④ 다음으로는 일정한 상징으로 이루어진 메시지를 의도된 수신자가 전달받는다.
⑤ 수신자는 다시 메시지를 이루는 이런 상징들을 해석해서 자신의 의미로 재구성한다.
⑥ 이런 의미의 전달을 통해 수신자가 어떤 영향을 받는다. 즉 발신자의 커뮤니케이션 목적이 달성된다.

- 환류(feedback): 커뮤니케이션 과정에서 수신자는 발신자에게 반응을 보인다. 이런 반응을 통해 발신자는 수신자를 더 잘 이해하게 되고, 보완된 메시지를 통해 성공적인 커뮤니케이션을 달성할 수 있다.
- 잡음: 이런 과정에서 성공적인 커뮤니케이션을 방해하는 다양한 요소가 개입된다.

〈그림 3〉 SMCR 모형

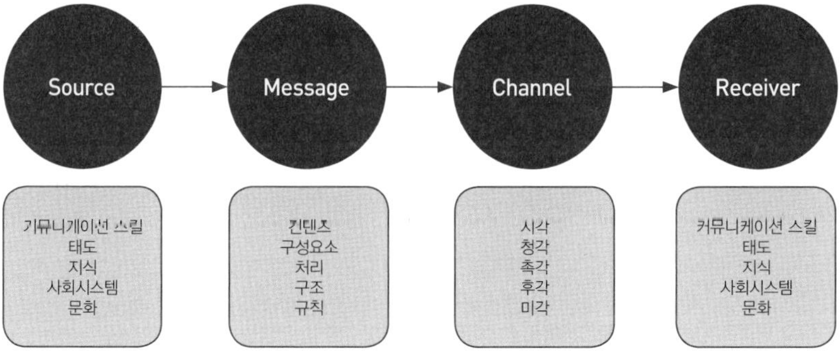

위의 과정이 커뮤니케이션을 설명하는 가장 기본적인 선형모형이다. 이 모형은 지나치게 커뮤니케이션 과정을 단순화시킨 점은 있으나, 각 단계를 순차적으로 이해하는 것을 돕는 역할을 한다. 모형에서 고려되지 않은 것 중의 하나는 전달되는 특정한 의미가 수신자와 발신자의 관계나 커뮤니케이션이 일어나는 구체적인 상황에도 영향을 받는다는 것이다. 즉, 발신자와 수신자의 특성과 함께 커뮤니케이션이 발생하는 맥락을 고려할 필요가 있다. 이 여섯 단계를 분리해서 살펴보는 것이 커뮤니케이션을 이해하는데 큰 도움이 될 것이다.

선형 모형의 첫 번째 단계는 커뮤니케이션의 시작점으로 전달자가 커뮤니케이션 하려고 의도하는 의미를 생각해 내는 것이다. 인간은 일반적으로 어떤 특정한 목적을 달성하기 위해 커뮤니케이션 한다. 커뮤니케이션의 목적은 서로 간의 간단한 인사에서부터 어떤 주제나 대상에 대한 수신자의 태도나 행동에 변화를 일으키고자 하는 설득까지 다양하다. 이와 같이 전달자는 수신자로부터 어떤 반응을 얻기 위해서 커뮤니케이션 하려는 의도를 가지게 된다.

두 번째 단계는 전달자가 이 의미를 수신자도 이해할 수 있는 언어적인 혹은 비언어적인 상징으로 변환시키는 것이다. 이 단계에서 전달자는 커뮤니케이션할 의미를 수신자가 해석하고 이해할 수 있는 상징으로 변환해야 한다. 마음속으로 의도한 의미를 표현할 적당한 상징을 선택하는 것은 커뮤니케이션 과정에서 가장 중요한 과정이라고 할 수 있다. 수신자의 여러 가지 상황을 고려해서 이해할 수 있는 적당한 상징을 선택하지 못한다면 커뮤니케이션이 실패할 가능성이 높아진다. 따라서 수신자를 고려한 적절한 상징 선택이 중요해진다. 어린이와 커뮤니케이션 한다면, 아마도 어린이의 눈높이에 맞는 상징을 선택해야 할 것이다.

세 번째 단계는 이렇게 작성된 메시지를 실제로 전달하는 과정이다. 의미를 표현하는 상징을 외부로 표현하여 수신자에게 전달하는 단계이다. 언어, 몸짓, 문자 등 머릿속에 구현된 상징을 전달이 가능한 물리적인 기호로 바꾸는 과정이다. 예를 들면, 머릿속의 생각을 문자로 기록할 수도 있고 소리로 바꿀 수도 있다. 이것은 결국 전달자의 의미가 시각적 혹은 청각적 자극으로 변화되는 것을 나타낸다. 이렇게 의미를 나타내는 상징을 물리적인 기호로 변환하는 과정에서 다양한 미디어를 사용하기도 한다. 즉, 언어를 통해 전달하고자 하는 의미는 공기의 떨림으로 변환되어 다양한 미디어를 통해 수신자에게 전달할 수 있다.

네 번째 단계는 수신자가 전달된 메시지를 받는 단계이다. 이 단계는 수신자는 전달된 메시지를 발신자가 물리적 신호로 변환시킨 것을 다시 역으로 상징으로 변환하는 과정으로, 받아들여진 물리적 기호를 수신자가 이해할 수 있는 상징으로 다시 변환한다. 여기서 수신자는 일반적으로 오감을 통해 전달된 신호를 변환한다.

다섯 번째 단계는 받아들여진 상징을 다시 의미로 유추하는 단계이다. 즉, 수신자가 전달된 상징에서 적합한 의미를 추출하는 과정이다. 수신자는 이 과정에서 자신의 주관적인 의미를 부여하므로 발신자가 의도한 의미를 나타내는 상징이 수신자에게 똑같이 해석되는가하는 것은 전적으로 수신자에게 달려 있다. 때로는 전달된 상징이 직접적인 의미 이외에 숨겨진 의미를 포함하고 있을 수가 있다. 모두가 공통적으로 이해할 수 있는 외연적인 의미는 발신자와 수신자 사이에 오해를 일으킬 여지가 없으나, 발신자 혹은 수신자만이 이해할 수 있는 내포적인 의미는 커뮤니케이션에 오해를 가져올 수도 있다. 즉, 상징의 외연적인 의미는 누구나 공통적으로 이해할 수 있는 의미임에 반해 상징의 내포적인 의미는 발신자나 수신자의 고유한 의미라고 할 수 있다.

마지막으로 발신자의 메시지는 이 전달 과정을 통해 수신자에게 다양한 영향을 주게 된다. 일반적으로 면대면 커뮤니케이션 상황에서는 수신자가 메시지를 이해하고 새로운 메시지를 발신자에게 전달하게 되거나, 커뮤니케이션이 수신자의 인지, 태도, 행동 등에 영향을 줄 수도 있다. 성공적인 커뮤니케이션이 되기 위해서는 발신자의 의도대로 수신자에게 어떤 영향을 줄 수 있어야 한다.

일반적으로 전달자가 의도한 의미와 수신자가 해석한 의미가 완전히 일치하지는 않는다. 이렇게 발신자와 수신자 사이에서 의미의 완벽한 전달이 불가능한 이유를 여러 가지로 설명할 수 있다. 불일치가 발생하는 이유는 흐린 불빛, 음향 상태, 시끄러운 소리 혹은 다른 물리적인 상황일 수도 있고, 망각, 잘못된 인식, 친숙하지 않은 언어 같은 수신자의 책임일수도 있다. 또한, 전달자와 수신자가 같은 문화를 공유하지 않는 경우 이런 문화적인 차이에 의해 커뮤니케이션 의미 전달이 실패할 수도 있다. 이렇게 커뮤니케이션을 방해하는 모든 요소를 잡음(noise)이라고 표현할 수 있다. 즉, 심리적인, 사회적인, 혹은 의미적인 차이나 상황이 전달자의 의도된 의미와 수신자가 해석한 의미의 차이를 만들 수 있다. 이런 차이를 줄이는 노력이 결국은 더 쉬운 이해를 이끌어낸다.

따라서 커뮤니케이션이 성공하기 위해서는 발신자와 수신자 모두의 노력이 필요하다는 것을 알 수 있다. 성공적인 커뮤니케이션을 도울 수 있는 발신자와 수신자가 활용할 수 있는 효과적인 두 가지 방법이 있다.

발신자가 사용할 수 있는 방법은 역할전이(role-taking)기법이며, 수신자가 사용할 수 있는 방법은 환류(feedback)기법이다. 발신자의 역할전이 기법은 수신자가 전달되는 메시지에 어떻게 반응할까를 이해하기 위해서 수신자의 입장이 되어 커뮤니케이션 자체를 고안하는 것이다. 이 방법에서는 발신자는 메시지가 다른 사람의 입장에서는 어떻게 받아들여질 수 있을까를 생각해야 한다. 수신자가 취할 수 있는 환류 기법은 발신자의 메시지를 받아들이면서 언어적 혹은 비언어적 상징을 통해 전달되어진 메시지를 얼마나 이해하고 있는지를 발신자에게 되돌려 알려주는 것이다. 환류를 통해 발신자는 수신자의 메시지를 해석하고 자신의 커뮤니케이션 메시지를 보완하거나, 오해가 생길 수 있는 상징을 다시 한 번 설명할 수 있다. 이런 두 가지의 과정을 통해 발신자와 수신자 간의 더 효과적인 커뮤니케이션을 이룰 수 있다.

4. 커뮤니케이션 유형

커뮤니케이션 과정을 이해했다면, 이것을 적용할 수 있는 다양한 커뮤니케이션의 종류를 알아보는 것이 도움이 될 것이다. 커뮤니케이션의 종류를 나누는 방법에는 여러 가지가 있다.

먼저 가장 일반적인 방법으로는 커뮤니케이션의 기본 형태인 직접적인 면대면 커뮤니케이션과 매스미디어를 기반으로 한 매스커뮤니케이션으로 커뮤니케이션을 분류할 수 있다.

이런 면대면 커뮤니케이션을 전달자와 수신자의 형태에 의해서 다시 나누어 보면 다음과 같다. 먼저 인간내 커뮤니케이션은 메시지의 발신인과 수신인이 일치한다. 즉, 개인 내부에서 일어나는 자신과의 의사소통을 인간내 커뮤니케이션이라 할 수 있다. 우리는 힘든 상황이나 선택의 순간에서 자신과 커뮤니케이션한 경험을 누구나 가지고 있을 것이다. "나는 할 수 있어!"와 같은 인간내 커뮤니케이션은 다른 커뮤니케이션과는 달리 내부에서 일어나기 때문에 그 의미전달이 빠르고 과정을 방해하는 다른 요소의 영향이 적다. 즉, 가장 단순한 형태의 커뮤니케이션이라 할 수 있다.

면대면 커뮤니케이션의 다른 형태인 대인 커뮤니케이션은 두 사람 이상의 사이의 대면적인 상호작용인 대화를 나타낸다. 서로 얼굴을 맞댄 상황에서 여러 가지 상징을 통해 의미를 교환하는 상황이다. 대면 커뮤니케이션 상황에서는 언어적 상징뿐만 아니라 비언어적 상징들도 빠르게 전달되고, 그 과정에서 상대방의 반응을 바로 확인할 수 있기 때문에 효과적으로 커뮤니케이션 할 수 있다. 즉, 수신자의 반응에 따라 보완적인 커뮤니케이션이 가능하며, 수신자도 발신자에게 환류를 통해 더 많은 정보를 얻을 수 있다.

집단 커뮤니케이션은 공동체의식을 소유한 구성원간의 의사소통이다. 집단 내에서 이루어진다는 점에서 조직커뮤니케이션과 구별이 어렵지만 조직커뮤니케이션에 비해 집단커뮤니케이션은 비공식적인 공동체의식을 나누는 1차 집단 내에서의 비교적 자유로운 커뮤니케이션이라 할 수 있다. 그 대표적인 예로 가족, 학교동아리 등 친밀감을 기반으로 이루어진 1차 집단에서 이루어지는 커뮤니케이션을 들 수 있다. 비공식적이며 비교적 자유로운 특징을 가지고 있다.

이에 반하여, 조직 커뮤니케이션은 공식적인 조직 안에서의 의사소통을 의미한다. 집단 커뮤니케이션 상황과 비교할 때, 조직 커뮤니케이션은 일정한 규칙이나 규범으로 운영되는 조직 안에서 이루어지기 때문에 커뮤니케이션 경로나 방식이 어느 정도 정해져 있다고 할 수 있다. 또한 이런 공식적인 조직에서는 위계질서가 존재하기 때문에 정보의 흐름 또한 이런 체계를 따라서 이동한다고 할 수 있다. 또한 구성원의 확립된 상하관계가 커뮤니케이션 상황에서 일정한 예의를 요구한다고 볼 수 있다. 따라서 공식적이며 비교적 일정한 형식을 갖추고 있다고 할 수 있다.

다음으로 이런 면대면 커뮤니케이션에 비해 매스커뮤니케이션은 발신자와 수신자의 관계가 친밀하지 못하다는 점을 먼저 지적할 수 있다. 매스커뮤니케이션은 다수를 상대로 하는 미디어를 통해서 수신자와 커뮤니케이션 하는 것이다. 댓글이나 시청자 의견 등 제한적인 환류가 가능하나 일반적으로 일방적인 커뮤니케이션이라고 할 수 있다. 최근에는 이를 보완하기 위한 다양한 방법들이 시도되고 있으나, 여전히 매스커뮤니케이션은 미디어 대 다수의 구조로 커뮤니케이션이 이루어진다. 매스미디어로 활용되는 온라인 미디어의 경우는 우리가 조금 더 고민할 필요가 있다. 온라인을 미디어로 활용한다는 점에서 매스미디어의 형태를 가지고 있지만, 그 활용은 때로는 개인 간 친밀한 형태일 수도 있고, 많은 사람을 대상으로 하는 무작위적인 형태일 수도 있다.

이런 분류 이외에도 커뮤니케이션을 그 형태나 규칙에 의해 언어적/비언어적 커뮤니케이션과 공식/비공식 커뮤니케이션으로 나누기도 한다. 언어적 커뮤니케이션은 주로 언어를 사용한 커뮤니케이션을 의미하여 비언어적 커뮤니케이션은 언어 이외의 상징을 이용한 커뮤니케이션을 말하는 것으로 이해할 수 있다.

조직 커뮤니케이션에 주로 관찰되는 공식적 커뮤니케이션은 문서나 회의 등 조직 내에서의 정해진 규범에 알맞게 만들어진 형식을 통한 커뮤니케이션이며, 비공식적 커뮤니케이션은 혈연이나 지연 혹은 친분 등의 통로를 이용하는 자유로운 커뮤니케이션이다.

마지막으로 네트워크 커뮤니케이션은 이런 개인 간의 커뮤니케이션이 거미줄처럼 얽혀 있는 상황을 생각하면 쉽게 이해할 수 있다. 발신자와 수신사를 구별할 수 없을 정도로 많은 사람들이 복잡하게 연결되어 있으며 그 사이에서 즉시적인 필요에 의해 커뮤니케이션이 언제나 일어날 수 있다. 기존의 수직적인 관계의 커뮤니케이션과 대비되는 체계로 새로운 아이디어와 정보를 쉽게 나눌 수 있는 수평적 커뮤니케이션 관계라고 할 수 있다. 최근 온라인 상의 커뮤니케이션이 대표적인 네트워크 커뮤니케이션의 예이다. 물론 이런 네트워크 커뮤니케이션에서도 허브 역할을 하는 영향력이 큰 전달자가 존재한다. 허브 역할은 전통적인 커뮤니케이션의 의견선도자와 비교해서 이해할 수 있다.

이렇게 커뮤니케이션을 그 구성원의 특징과 형태 및 규칙에 의해서 나눌 수도 있지만 커뮤니케이션이 적용되는 분야에 의해서도 구분이 가능하다. 커뮤니케이션을 적용되는 분야에 따라 분류해 보면, 설득커뮤니케이션, 정치커뮤니케이션, 경제커뮤니케이션, 국제커뮤니케이션, 문화커뮤니케이션, 비판커뮤니케이션, 건강커뮤니케이션 등으로 다양하게 분류할 수 있다.

먼저 설득커뮤니케이션은 그 기능에서도 설명했듯이 광고나 PR처럼 다른 사람을 감성과 이성 양면에 호소하는 것을 통하여 수용자의 의견, 태도, 신념 등을 미리 의도한 방향으로 변용시키는 과정 및 기술에 대해 연구하는 학문 분야이다. 마케팅과 관련된 영역이 대표적으로 이 분야에 속한다.

〈그림 4〉 전쟁 선전

출처: 통일뉴스

정치커뮤니케이션은 정치에서 커뮤니케이션이 어떤 역할을 하는지에 대해 연구하는 분야이다. 예로부터 정치에서는 선전이라는 용어를 많이 사용하였다. 선전은 설득과 비슷하게 지성이나 감정에 호소하는 심리적 전달에 의해 선전자의 기대대로 피선전자가 행동하도록 유도하는 일이지만, 선전은 설득에 비해 감성에 호소하는 면이 더 많다고 할 수 있다. 과거에 선전은 중립적인 의미였으나, 전쟁과 정치 등에서 폭넓게 사용되면서 대중에게 약간은 부정적인 의미를 상징하게 되었다.

경제커뮤니케이션은 경제 분야에서의 커뮤니케이션을 연구하는 분야이며, 국제커뮤니케이션은 나라와 나라 사이의 커뮤니케이션을 연구하는 분야이다. 문화커뮤니케이션이나 건강커뮤니케이션 또한 커뮤니케이션하는 주제에 따라 분류되는 종류이며. 마지막으로 비판커뮤니케이션은 커뮤니케이션 과정을 비판주의적 관점에서 이해하고 설명하려는 분야이다. 이렇게 다양하게 커뮤니케이션을 분류할 수 있으나 그 기본적인 과정은 앞에서 설명한 선형 모델처럼 공통된다고 할 수 있다.

5. 커뮤니케이션 탐구

커뮤니케이션 탐구(inquiry)는 세상에 대한 이해와 지식을 발전시키는 체계적이고 숙련된 배열의 과정들이며 대개 학자들의 시도로서 이뤄진다. 탐구과정은 매우 다양하지만 저마다 계획된 수단과 방법을 통해 이뤄진다.

1) 사회과학

과학은 탐구의 방법(method of inquiry)이며, 우리를 둘러싼 세상사를 배우고 아는 의식적이고 의도적이며 엄격한 작업으로 이해할 수 있다. 사회과학의 탐구에서는 통계적 방법을 사용하지만 때로는 그렇지 않을 때도 있다 실증적 접근에서는 일반화할 수 있는 양적인 분석을 목적으로 하며, 해석적 접근은 그 현상을 있는 그대로 자세히 설명하기 위한 질적인 분석을 목적으로 한다.

▣ 합의와 관찰

우리가 사회적 실제를 발견하는 방법은 기본적으로 합의와 관찰이다. 우리가 알고 있는 일부는 전적으로 명백해 보이며, 이런 많은 것들이 결국 대부분은 동의와 믿음의 문제이다. 이런 것들은 직접적인 개인적인 경험이나 발견에 근거한 것이 거의 없다. 어느 사회이건 성장과정의 큰 부분은 주변의 모든 사람들이 알고 있는 것을 그대로 받아들이는 학습과정이다. 우리가 알고 있는 것의 대부분이 들었던 바를 믿는 것이며, 지식의 가장 강한 기반은 합의라고 할 수 있다.

합의와는 대조적으로 인간의 관찰을 통한 직접경험으로부터 현상을 이해하는 것도 가능하다. 자신의 경험이 다른 모든 사람들이 알고 있는 것과 상충된다면, 우리는 경험을 버리고 합의를 취할 가능성이 매우 높다.

■ 실제에 대한 탐색

실제란 교묘한 문제이다. 우리는 알고 있는 것 중 일부는 진실이 아닐 수 있다고 의심하지만, 무엇이 실제인지 어떻게 정말 알 수 있는가는 해결하기 어려운 문제이다.

이런 고민 속에서 나온 해답 중의 하나가 과학이나. 과학은 합의적 실제와 경험적 실제 두 가지 모두에 대한 접근법을 제공한다. 과학적인 주장은 논리적(logical)이고 경험적(empirical)인 입증을 필요로 한다. 달의 어두운 면은 태양이 없으므로 춥고, 실제 관측을 통해서도 추운 것이 관찰되었다. 이런 과정은 수긍할 만해야 하고, 실제 관찰과 상충되어서는 안 된다. 논리적으로 접근한다면 태양이 비추는 곳의 온도가 높으므로 달 뒷면은 춥다는 논리적인 결론을 내릴 수도 있고, 실제로 달에 가서 온도를 측정할 수도 있다.

과학은 개인의 경험을 통한 실제의 발견에 대해 특별한 접근법을 제공한다. 다시 말해, 탐구라는 작업에 특별한 접근법을 제공한다. 인식론(epistemology)은 논리적인 앎의 과학이며, 인식론의 하위분야인 방법론(methodology)은 발견의 과학이라고 할 수 있다.

■ 일상적인 인간의 탐구

인간은 인과적이고 확률적인 추론(causal and probabilistic reasoning)을 이용하여 미래 상황을 예견한다. 첫째, 일반적으로 우리는 미래 상황이 어떻게든 현재 상황으로부터 야기되거나 조건지워진다고 인식한다. 교육을 받으면 나중의 삶에서 돈을 얼마나 벌지에 영향이 있다는 것을 배운다. 둘째, 사람들은 그와 같은 원인과 결과의 유형은 본질적으로 확률적이라는 것도 알고 있다. 확률이 높다는 것은 두 사건의 연관성이 깊다는 것이고, 확률이 낮다는 것은 연관성이 낮다는 것이다. 과학은 결국 이러한 인과성과 확률의 개념을 보다 분명히 하고, 그것들을 이상적인 인간의 탐구보다 더 철저하게 다루는 기법을 제공한다. 과학은 탐구과정에서 우리를 보다 의식적이고 엄격하고 명백하게 만들어줌으로써 우리가 이미 가지고 있는 추론을 정교화한다. 이런 능력을 통해서 때로는 우리는 이해 없이도 예측하기도 한다.

세상에 대해 알고자 하는 우리의 노력은 일부만 직접적이며, 개인적 탐구 또는 경험과 연결되어 있다. 또 다른 더 큰 부분은 다른 사람들이 우리에게 알려준 합의된 지식, 즉 모든 사람이 알고 있는 지식으로부터 온다. 이러한 합의적 실제는 우리들이 발견하고자 하는 노력에 도움이 되기도 하고 방해가 되기도 한다.

전통은 인간의 탐구에서 몇 가지 명백한 이점을 지닌다. 모두가 아는 것을 받아들임으로써, 우리는 규칙성과 이해를 찾아 무에서 출발하는 엄청난 과제에서 벗어난다. 지식은 누적적이고, 물려받은 정보와 지식은 더 많은 지식 개발의 출발점이다. 종종 "거인의 어깨 위에 서 있다"라는 말을 하는데, 여기서 '거인'은 이전 세대의 지식을 의미한다.

전통은 동시에 인간의 탐구에 걸림돌이 될 수도 있다. 모든 사람들이 이미 이해하고 있고 항상 이해해 왔던 것에 대해 새롭고 다른 이해를 추구한다면 바보 취급을 당할 수도 있다. 하지만 핵심은, 우리들 대부분에게 우리 모두가 진실로 알고 있는 무엇인가를 다르게 이해하려는 노력은 거의 일어나지 않는다는 것이다.

권위도 이런 지식의 발견에 영향을 주는데, 새로운 지식의 획득이 어떻게 받아들여지는가는 결국 지식을 전달하는 전달자의 지위에 달려있다. 권위를 가진 전달자의 경우는 큰 의심 없이 그 내용을 사실이라고 믿게 된다. 전통과 권위 두 가지는 세상에 대한 지식 추구에서 칼의 양날에 해당한다. 간단히 말해, 전통과 권위는 탐구의 출발점을 제공해 주지만, 잘못된 지점에서 출발하게 하거나 잘못된 방향으로 인도할 수도 있다.

▣ 사회과학의 기반

과학은 때로 논리경험적(logico-empirical)이라고 특징지워진다. 과학의 두 기둥은 논리와 관찰이다. 세상에 대한 과학적 이해는 납득할 만해야 하고 동시에 우리가 실제로 관찰한 것과 일치해야 한다. 이 두 가지 요소는 과학의 본질이며, 이론, 자료 수집, 자료 분석이라는 사회과학적 연구활동 체계의 세 가지 주요 측면과 연관된다.

조금 단순화시켜 말하면, 과학적 이론(theory)은 과학의 논리적 측면을 다루며, 자료 수집은 관찰의 측면을 다룬다. 자료 분석은 관찰한 것의 유형을 찾는 것이며, 논리적으로 기대되는 바를 실제 측정된 바와 비교하는 추론의 과정이다.

철학이나 신념이 아닌 사회학 이론은 '무엇이 되어야 하나(what should be)'가 아니라, '무엇이다(what is)'와 직접적으로 관련되어 있다. 이것은 과학적 이론이 그리고 좀 더 넓게는 과학 그 자체가 가치에 대한 논쟁을 해결할 수 없다는 것을 의미한다.

그래서 사회과학은 오직 우리가 '무엇'과 '왜'를 알도록 하는데 도움이 된다. 사람들이 어떤 결과가 다른 것보다 나은지를 결정하는 기준에 합의한 경우에만 '어떻게 되어야만 한다'는 결정에 사회과학을 이용할 수 있다.

사회연구는 대체로 사회생활의 규칙성의 유형을 찾아내려는 목적을 갖는다. 확실히 자연과학의 주제가 사회과학의 주제보다 규칙성의 지배를 더 받는 것처럼 보인다. 그 이유는 자연과학의 경우에는 인과관계가 소수의 변인들에 의해서 이루어지기 때문이며, 사회과학은 관계에 영향을 주는 다른 변인들이 너무 많이 존재하기 때문이다.

우선 사회의 많은 공식적 규범이 상당 정도의 규칙성을 만든다. 이런 사회적 규칙성에 대해 때대로 3가지 반론이 제기된다. 첫째, 규칙성의 일부는 매우 평범해 보인다. 둘째, '규칙성'이 전적으로 규칙적이지 않음을 드러내는 모순적인 사례들이 거론될 수 있다. 셋째, 무거운 물체를 떨어뜨렸을 때 그 물체 자신이 떨어지지 않으려고 결정할 수는 없는 것과 달리, 규칙성 속에 있는 사람은 자기가 원하기만 하면 그 관계 전체를 뒤흔들 수 있다.

이론이 설명하는 방법을 찾는 것이라면, 패러다임은 사회적 현상을 보는 방법을 의미한다. 우리가 무엇을 보고 어떻게 이해하는가를 구체화하는, 관찰과 이해를 위한 모델 또는 준거틀이다.

사회과학적 패러다임을 살펴보면, 우선 일반적으로 사물을 이해하는 데는 하나 이상의 방법이 존재한다. 예를 들면, 진보주의자와 보수주의자 패러다임이다. 사회과학에서는 일반적으로 패러다임의 다양성이 인정되며, 다양한 관점을 제시, 한쪽에서 무시한 관점을 밝혀내기도 하고, 결여된 통찰력을 제시하기도 한다. 궁극적으로 패러다임 자체는 참이나 거짓이 아니고, 유용함의 정도가 다르다. 패러다임에 따라 새로운 이해나 다른 종류의 이론을 제시할 수 있고, 여러 종류의 조사연구를 장려할 수도 있다.

2) 현상 탐구

탐구과정은 일반적으로 세 단계로 이뤄진다(Littlejohn, 1996). 첫 단계는 문제제기(asking questions) 단계로서 흥미 있고 중요한 문제를 제기하는 과정을 말한다. 연구자들에 의하여 제시되는 보편적 질문 유형은 먼저, 무엇을 관찰하고 추론할 것인지를 밝혀내기 위한 개념에 대한 정의(definition)의 문제를 들 수 있다. 이는 탐구 대상이 무엇인가? 혹은 무엇이라고 불러야 하는가? 등과 관련된 것이다. 다음은 관찰 대상의 속성과 그들 사이의 관계에 대한 사실(facts)의 문제와 관련된 것이다. 이것은 무엇으로 구성되어 있으며 다른 현상과는 어떠한 관련성이 있는지를 살펴보는 것이다. 마지막으로 관찰 대상에 대한 미적이고 실용적이며 윤리적인 속성들을 구사하는 가치(value)의 문제로서 그것이 효과적인지, 적합한지, 혹은 바람한지를 묻는 것이다.

〈그림 5〉 탐구(inquiry) 단계와 관계

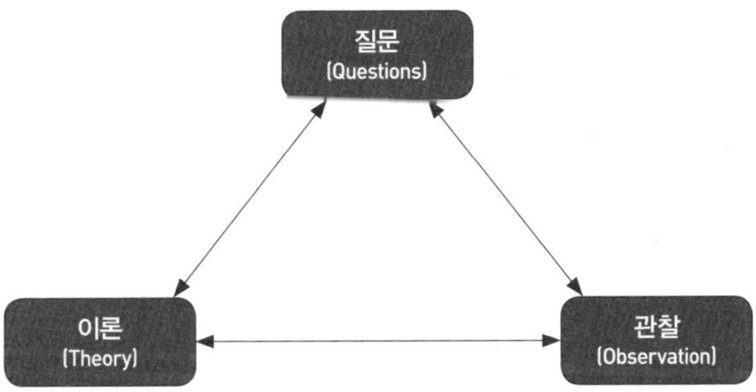

탐구의 둘째 단계는 관찰(observation)이다. 학자는 관찰을 통해 탐구의

대상을 경험하게 된다. 관찰은 매우 다양하게 이뤄지는데 어떤 연구자는 기록과 과외변인을 조사하고 어떤 학자들은 참여관찰이나 도구나 통제된 실험을 통해 관찰한다. 어떠한 방법을 사용하든 연구자는 문제에 대한 해답을 얻기 위해서 계획된 방법과 절차를 사용한다. 최근에는 상이하고 특징적인 연구방법론을 상호 보완하기 위하여 통합적인 연구방법들이 활용되기도 한다.

마지막 탐구 단계는 해답을 구성하는 것(constructing answers)이다. 이 단계에서 연구자는 현상을 정의, 기술, 설명, 예측 행위를 수행한다. 이 단계가 이론화 단계이기도 하다. 연구자는 관찰을 통해 수집한 결과를 검토하고 기존 연구와 이론 및 개인의 추론을 활용해서 의미 있는 해석을 도출한다.

그럼 이런 다양한 커뮤니케이션 중에서 대표적으로 매스커뮤니케이션은 어떤 역할을 하고 있는지를 다음 장에서 알아보기로 하겠다.

2장

매스커뮤니케이션

1. 매스커뮤니케이션

2. 현대사회와 매스커뮤니케이션

3. 매스커뮤니케이션의 영향

4. 매스커뮤니케이션의 기능

5. 미디어 효과 이론

제2장

매스커뮤니케이션

1. 매스커뮤니케이션

1) 매스커뮤니케이션의 역할

인간에게는 다양한 이유와 목적으로 미디어 소비 욕구가 존재하며, 인간 생활 및 사회에 미디어가 직간접적으로 영향을 준다. 미디어와 관련된 대표적인 이론의 하나인 이용과 충족 이론은 매스미디어가 사람들에게 무엇을 하고 있는가(What the media do to people?)의 기존 미디어의 대효과 입장에서 사람들이 매스미디어를 가지고 무엇을 하는가(What people do with the media?)의 입장으로 매스 커뮤니케이션 현상을 설명하려는 이론으로 이해할 수 있다. 매스미디어의 효과를 주로 다루던 기존 입장에서 수용자의 입장에서 미디어를 이용하려는 시도라고 이해할 수 있다.

이용과 충족이론은 1959년 엘리우 카츠(Elihu Katz) 등에 의해 제기되었다. 그의 주장은 미디어가 사람들에게 무엇을 하는가의 종래의 연구입장에서 벗어나 사람들이 미디어를 가지고 무엇을 하는가에 중점을 두고 있으며, 인간의 가치관, 관심, 사회적 관계 및 역할 등 다양한 선유요인[09](pre-potent)의 중요성을 제기하고 있다. 결국 미디어 소비를 위한 수용자의 욕구에 초점을 맞추고 있다.

이용과 충족이론의 가정은 다음과 같다. 먼저 미디어를 능동적으로 사용하는 수용자를 가정한다. 능동적 수용자는 특수한 목적을 달성하기 위해서 미디어를 선택하고 사용한다. 다음으로는 수용자는 자신이 가진 욕구를 잘 파악하고 있으며, 그 욕구를 충족시키기 위해서 적합한 미디어를 선택하고 이용한다는 것이다. 마지막으로는 이 욕구 충족은 미디어 이외의 다른 수단에 의해서도 가능하다는 것이다. 즉, 미디어는 다양한 다른 대안과 경쟁하면서 수용자의 선택을 받게 된다는 것이다. 최근 다양한 미디어가 등장하면서 이용과 충족이론의 가정이 좀 더 명확하게 지지받고 있다. 결국 이 가정의 핵심내용은 능동적인 수용자가 자신의 욕구를 충족시키기에 적합한 미디어를 선택하고 사용한다는 것이다. 그런 점에서 미디어의 다양화와 분화는 독특한 수용자의 욕구에 소구할 수 있는 미디어 환경을 제공한다.

수용자나 커뮤니케이션 맥락에 따라 차이가 존재하지만, 매스미디어가

---

09 선유요인은 이미 존재하고 있는 영향력 있는 변수를 의미한다.

사회에 강력한 영향을 준다는 것이 지금까지의 일반적인 의견이다. 먼저 정치에서는 선거 과정에서 매스미디어의 활용은 후보자들에게 또 선거를 하는 국민에게도 중요하다. 바쁜 일상을 살아가는 유권자에게 호소하는 직접적인 선거연설의 중요성은 점점 감소하고 있으며, 오히려 텔레비전 등 전통적인 매스미디어나 온라인 미디어를 활용하는 선거 전략은 점점 더 중요해지고 있다. 인쇄미디어를 활용하는 정책설명이나 영상을 활용한 정치광고의 중요성 또한 간과할 수 없다. 매스미디어를 활용하여 후보자의 이미지를 구성하고, 또 그 이미지가 어쩌면 정치이슈나 공약보다 유권자에게 더 큰 효과를 발휘하고 있다. 특히 최근에는 온라인이 여론을 이끄는 역할을 하면서 그 역할에 대해 논란이 많다.

경제적인 측면에서도 매스미디어는 큰 역할을 하고 있다. 먼저 매스미디어 관련 산업은 그 자체가 매우 큰 산업으로 그 규모는 나날이 커지고 있으며, 그 중에서도 엔터테인먼트 관련 문화산업은 매스미디어를 중심으로 성장하고 있다. 제품 수출에 의존하던 우리나라는 한류 관련 문화콘텐츠 수출을 통해서도 큰 경제적 성과를 거두고 있다. 미디어 자체가 연관된 산업과 함께 그 콘텐츠 나아가 그 콘텐츠를 생산하는 사람들까지 중요한 경제적 역할을 수행하고 있다.

또 매스미디어는 경제의 발전을 위한 마케팅 채널로서의 역할도 수행하고 있다. TV 등 전통적인 미디어를 통한 광고 등을 포함한 마케팅 커뮤니케이션을 통해 제품이나 서비스 판매를 위한 기업의 마케팅의 중심에 있으며, 온라인 미디어를 통한 마케팅 커뮤니케이션 또한 그 규모가 점점 더 커지고 있는 상황이다. 결국 기업과 소비자를 중개하는 역할을 매스미디어가 수행하고 있다. 온라인 미디어는 기존 매스커뮤니케이션 중심의 마케팅 커뮤니케이션과는 다른 1대1 혹은 1대소수의 보다 구체적인 커뮤니케이션도 상당 부분 담당하고 있다.

미디어는 문화를 반영하고 또 한편으로는 새로운 문화를 창출하는 역할을 하고, 동시에 문화를 다음 세대에 전하는 역할을 한다. 문화를 반영하는 미디어의 역할은 우리 사회의 규범적인 문화를 사회 속에 전달하는 것이다. 우리는 미디어 속 모습을 보고 현 시대를 이해한다. 유행이나 트렌드 등 사회의 흐름을 반영하는 모습도 미디어를 통해 알게 된다. 동시에 매스미디어는 트렌드 혹은 유행을 창조하는 선도적인 역할도 한다. 특히 젊은 세대의 빠른 문화 변화는 매스미디어를 통해서 전달되며, 매스미디어를 통해서 창출되기도 한다. 마지막으로 교육적인 차원에서 미디어는 현 세대의 문화를 보전하면서 다음 세대로 전하는 역할을 한다. 물론 학교 등 공식적인 교육을 통해서 문화가 전달되기도 하지만, 다양한 미디어 사용이 삶의 절대 부분을 차지하는 최근에는 문화 전수의 교육적인 기능의 상당 부분을 매스미디어가 담당하고 있다고 이해할 수 있다.

2) 미디어

미디어란 시간적 혹은 공간적 간격을 넘어서 메시지를 전달할 수 있는 어떤 수단 혹은 채널을 의미한다. 즉, 메시지의 저장이 가능하거나 혹은 먼 거리를 넘어서 전달자와 수신자가 커뮤니케이션할 수 있도록 매개하는 대상을 미디어로 이해할 수 있다.

미디어를 이해하는 관점으로는 세 가지를 제시할 수 있는데, 먼저 가장 일반적인 개념은 메시지를 담는 용기 혹은 도구로의 개념이다. 두 번째는 메시지를 운반하는 운반체로의 개념이며, 마지막 세 번째는 메시지가 흐르는 통로로 미디어를 이해하는 것이다.

먼저 가장 일반적인 개념으로 미디어는 메시지를 담는 용기의 개념으로 이해된다. 메시지를 담는 용기라는 것은 결국 메시지가 어떻게 기록되는가로 신문, 라디오, 텔레비전, 인터넷 등 실제 메시지가 기록될 수 있는 수단으로 미디어를 이해하는 것이다.

용기의 역할을 하는 다양한 미디어를 생각할 수 있는데, 신문, 잡지, 라디오, 텔레비전, 영화, 책 등 우리가 활용하는 많은 미디어의 형태를 그 예로 들 수 있다. 우리가 활용하는 미디어는 계속 증가하고 있는 것으로 파악되는데, 예를 들어 사람의 몸에 메시지를 새기거나(문신), 하늘에 메시지를 투영하는 것 등도 결국은 몸과 하늘 그 자체를 용기로 하는 새로운 미디어의 등장이라고 이해할 수 있다.

새로운 미디어의 등장은 그 미디어의 표현 방식의 차이로 인해서 각기 다른 종류의 커뮤니케이션에서 매력을 찾을 수 있다. 영상과 소리, 문자 등 표현 방식의 차이를 미디어에서 찾을 수 있다. 최근의 변화는 일단 문자보다는 영상과 소리 중심의 커뮤니케이션과 함께 콘텐츠의 길이가 짧아지고 있다는 것이다. 이런 추세를 반영하듯이 온라인 콘텐츠 서비스가 인기를 얻고 있다.

여기서 생각해볼 문제 중 하나는 늘어나는 미디어는 결국 메시지의 폭발적인 증가를 가져왔고, 메시지의 폭발적 증가는 결국 우리 사회의 정보 과잉 사회로의 전환을 가져왔다고 이해할 수도 있다. 텔레비전, 라디오, 신문, 온라인 미디어 등이 증가하면서 정보 과잉으로 인한 새로운 형태의 문제가 발생한 것이다. 그 문제는 결국 이렇게 많은 메시지 중에서 내게 필요한 정보들을 효과적으로 선별할 것인가 하는 문제이다. 또한 메시지의 증가로 인해서 경계를 나누기 어려울 정도로 미디어 간 경쟁이 치열해지고 있다.

다음으로는 메시지를 운반하는 운반체로의 미디어의 의미를 생각할 수 있다. 자연과학이나 공학 차원에서 미디어를 이해하는 방식이며, 우리가 만드는 소리는 결국 음파의 형태로 수용자에게 전달이 되며, 영상은 광파의 형태로 화학적인 과정을 통해서 수용자가 인식하게 된다. 이 이외에도 전파를 이용한 메시지의 전달과 함께 최근에는 인터넷의 등장으로 더 많은 정보를 더 빠르게 전달하기 위한 노력이 계속 진행 중이다. 디지털 시대가 열리면서 더 많은 정보를 더 짧은 시간에 전달하는 것이 가능해졌고, 더 현실같은 생생한 때로는 현실보다 더 생생한 소리나 영상을 전달하려는 노력이 계속되고 있다. 이 운반체로서의 미디어는 커뮤니케이션 분야의 주된 관심 분야가 아니기 때문에 간략한 소개로 마무리한다.

마지막으로 메시지가 흐르는 통로로 미디어를 이해한다면, 과거와는 다른 복잡한 정보의 유통체계가 확립되었다는 것을 이해할 수 있다. 먼저 미디어 발전 초기에는 신문, 텔레비전 등 제한적인 매스미디어가 수용자에게 정보를 전달하는 형태의 일방적인 정보 유통이 이루어졌다. 이런 상황에서는 특정 미디어가 정보유통의 흐름을 장악할 수밖에 없다.

이런 정보의 제한적인 전달을 설명하는 이론 중 하나로 게이트키핑 이론(Gatekeeping Theory)이 있는데, 정보가 취사선택되어 유통되는 과정을 설명하는 이론이다. 이 용어를 처음 사용한 학자는 커트 르윈(Kurt Lewin)이며, 그는 마치 식품이 식탁에 오르기까지 유통 과정에서 여러 가지 관문을 지나야하고, 각 관문에서 특정 결정권자가 선택한 식품만이 식탁에 오른다는 연구 결과를 제시했다. 이 후 다양한 분야에서 게이트키핑 이론을 활용하고 있는데, 특히 커뮤니케이션 분야에서 게이트키핑이 활발히 활용되었다. 사회 속에는 수많은 정보가 있으며, 수용자는 그 중에서 필요한 정보를 선택적으로 수용하는데, 누군가가 이 과정에서 수용자에게 전달될 정보를 선택하는 역할을 한다는 것이다. 특히 매스미디어에서의 뉴스 전달을 그 예로 사용하고 있는데, 수용자에게 필요한 정보를 선택하여 제공하는 것이 매스미디어의 역할이며, 그 매스미디어에서도 그 일을 특별히 수행하는 대상이 있다는 것이다. 게이트키핑을 어떤 주제에 대해 언론이 보도를 거부하거나 은폐하는 행위라는 부정적인 의미로도 이해할 수도 있으나, 실제로 뉴스 선택 과정에서 편집장 등 뉴스결정권자의 중요한 역할을 설명하기도 한다. 이런 관문은 여러 개가 존재하는데, 결정권자가 누구인가에 따라서 최종적으로 수용자에게 전달될 뉴스가 결정된다. 비판적인 관점에서는 결국 뉴스를 결정하는 언론 담당자의 경우, 중산층 이상의 보수적인 관점을 보유할 것으로 예상한다면 편파적인 뉴스 선택이 이루어질 수 있다고 주장할 수 있다. 게이트키핑의 더 무서운 상황이라면 아마도 정치와 언론의 유착 관계에서 오는 의도적인 진실의 은폐와 다른 뉴스로의 여론 전환을 위한 대안적인 뉴스 선택 등이다.

게이트키핑과 비슷한 맥락에서 의제설정이론(Agenda Setting Theory)을 제시할 수 있는데, 매스미디어가 어떤 이슈에 대한 대중의 생각이나 토론의 주제를 설정할 수 있다는 것이다. 미디어가 특정 이슈를 선정하고 다루면 대중은 그 이슈에 집중하며, 다른 이슈들을 무시하게 된다. 더 나아가서는 그 이슈를 어떻게 바라볼 것인지 정보를 제공하는 방향성에 따라서 때로는 그 이슈에 대한 대중의 반응에도 영향을 줄 수 있다.

새로운 미디어의 등장에 따른 메시지 유통 경로의 변화도 주목할 만한 점이다. 이런 변화로 인해서 게이트키핑이나 의제설정이 점점 더 어려워지는데, 그 이유는 다양한 미디어가 등장하면서, 수용자에게 정보를 전달할 수 있는 통로가 많아졌기 때문이다. 과거 민주화운동의 대표적인 정보 전달 수단은 대자보나 전단지 등 인쇄물 등이었다. 하지만 지금은 누구나 온라인 미디어 경로를 통해 정보를 유통시킬 수 있다. 실제로 최근 여론의 생성 과정을 보면, 여전히 전통적인 미디어가 어느 정도 역할을 하고 있지만, 온라인을 통해서 많은 정보가 유통되고 있는 것을 찾을 수 있다. 따라서 과거 소수가 지배하던 뉴스 결정권에 지금은 다수의 사람이 참여하고 있는 것을 발견할 수 있다. 거꾸로 이렇게 만들어진 이슈가 전통적인 미디어에 다시 영향을 주는 역의제설정 현상도 관찰된다. 역의제 설정이란 결국 사회에서 인기를 얻은 이슈가 다시 대중미디어를 통해서 의제로 다루어지는 현상을 말한다.

물론 이 과정에서도 문제가 발생한다. 특정 집단의 극화된 정보가 쉽게 전달되고 공유될 수 있는 통로로 온라인 미디어가 활용되고 있고, 가짜 뉴스로 통칭되는 근거 없는 정보의 손쉬운 유통도 가능해졌다는 문제도 관찰된다.

다음으로 눈여겨 볼 점은 정보 유통 경로의 다양화로 인한 정보 확산 특성의 변화이다. 1단계 혹은 2단계 유통 경로를 가진 과거의 정보 유통은 제한적인 통로로 인해서 전달될 수 있는 이슈의 수도 적고, 또한 속도도 느렸다. 뉴스는 매우 소수의 유통 경로를 통해서 대중에게 전달되었다. 이런 유통 경로에서는 매스미디어가 선택한 이슈가 여론 형성에 가장 큰 힘을 발휘하고, 전달되지 못한 뉴스는 잊히기 쉽다.

하지만 최근에 모두가 참여하는 정보 확산 과정에서는 더 많은 정보들이 더 빠른 속도로 더 다양한 수용자에게 또는 수용자 간에 전달되는 현상이 관찰된다. 개인도 뉴스 확산에 기여할 수 있으며, 이런 특정으로 인해 확산 속도 및 범위가 매우 빠르고 넓어졌다. 때로는 아주 사소한 정보가 대중의 관심을 받고 메인 이슈가 될 수도 있고, 아주 짧은 시간에 SNS나 인터넷을 통해서 대중이 특정 정보를 얻을 수도 있다. 지금은 정보나 뉴스의 확산을 네트워크 형태의 유통 경로를 통해서 정보가 기하급수적으로 전달될 수 있는 유통 구조로 이해할 수 있다. 이런 유통 구조에서는 결국 인기 있는 수용자가 선택하는 이슈가 여론의 중심이 된다.

2. 현대사회와 매스커뮤니케이션[10]

앞 장에서 커뮤니케이션의 기본적인 특징과 종류를 살펴보았다. 커뮤니케이션의 기본적인 형태는 면대면 커뮤니케이션으로 시작하였지만, 현재는 커뮤니케이션이라 하면 그 의미가 매스커뮤니케이션으로 해석될 정도로 매스커뮤니케이션의 중요성이 나날이 커지고 있다.

---

10 '커뮤니케이션과 미디어' 1장 내용을 활용하여 작성

즉, 다양한 미디어의 발달은 우리 인간 생활과 너무나도 밀접한 관계를 맺고 있고 많은 영향을 주고 있다. 아래의 예를 살펴보자.

침대 곁의 AI 스피커가 음악과 상냥한 음성으로 아침을 알린다. 텔레비전을 켜고 아침 뉴스를 시청한다. 간단한 아침을 먹으며 인터넷을 통해 오늘의 뉴스를 읽는다. 회사로 가기 위해 지하철에 오른 나는 휴대폰으로 오늘의 일정을 확인하고 DMB TV를 보거나, e-book을 통해 전자책을 읽는다. 회사에 도착해서는 전자메일을 확인하고, 인터넷 포털사이트에서 그 날의 주요 뉴스를 확인한다. 업무 중에는 쉴 사이 없이 울리는 전화기와 팩스, 사내 네트워크를 통해 메시지를 받고 또 메시지를 보낸다. 개인적으로는 SNS를 통해서 지인들과 수시로 연락을 한다. 전자회의를 통해 상사에게 기획한 업무를 보고하고 업무를 지시 받는다. 업무 중에도 휴대폰의 진동은 끊임없이 새로운 메시지가 도착했음을 알리고, 메신저는 끊임없이 새로운 인터넷 친구의 등장을 알린다. 퇴근시간이 되면 동료들과 혹은 친구들과의 약속을 위해 걸음을 옮긴다. 모임에서는 서로 다양한 미디어로부터 얻은 정치, 사회, 연예에 관한 정보로 이야기를 나눈다. 긴 하루 일과를 마치고 집으로 돌아오면 다시 TV를 켜고 오락프로그램을 시청한다. 때로는 침대에 누워 유투브(Youtube)를 통해 내가 관심이 있는 컨텐츠를 찾기도 한다. 컴퓨터 앞에 앉은 나는 인터넷을 통해 그날의 필요한 정보를 얻고 개인 블로그를 점검하고, 답글을 남긴다. 하루 일과를 마치면서 침대 곁에 휴대폰을 소중히 올려놓는다.

다소 과장된 면이 있을 수도 있겠지만, 이처럼 다양한 미디어가 현대인의 삶의 많은 부분을 차지하고 있다. 과거 면대면 위주의 직접적인 커뮤니케이션을 미디어를 매개로 한 커뮤니케이션이 대체하고 있고, 이런 미디어는 관련 기술의 발전에 힘입어 더더욱 빠른 속도로 진화하고 있다.

새로운 미디어의 출현부터 정착까지 과거에 비해 그 시간이 단축되었고, 미디어의 분화와 융합이라는 새로운 형태의 진화는 인간 커뮤니케이션 방법을 더욱더 다양화하고 있다. 이런 미디어의 발전은 현대인이 직접적인 경험으로부터 얻던 정보를 간접적인 경험으로 얻는 것으로 대체하고 있으며 동시에 인간의 기본적인 커뮤니케이션 방식과 능력을 변화시키고 있다. 결국 필요에 의해 만들어진 미디어가 우리를 변화시키고 있다고 이해할 수 있다.

과거 20세기를 집중화, 표준화, 대중화의 시대라고 한다면, 현재 21세기는 분산화, 개성화, 탈대중화의 시대라고 할 수 있다. 매스미디어와의 관계에서 단순히 메시지를 받아들이던 수용자는 메시지를 소비하며 또한 생산할 수 있는 "산비자(prosumer)"로 변화하고 있다. 인터넷의 "UCC(User Created Contents)"가 그 대표적인 예라 할 것이다. 또한, 소비자는 다양한 인터넷 서비스를 이용하여 자신의 의견을 표출하고 있다. 또한, 수용자의 개성을 충분히 표출할 수 있는 다양한 미디어가 이용 가능해지고 있다.

이와는 상반되는 또 하나의 특징은 미디어가 인간의 커뮤니케이션을 보조하는 역할에서 그 과정을 지배하고 이끄는 역할도 하고 있다는 것이다. 우리는 필요한 정보를 얻기 위해서 미디어에 거의 전적으로 의존하고 있으며 그 정보의 확인을 위해서 또 다른 미디어를 이용하고 있다. 이런 현상은 미디어가 사회 권력의 중심축을 이루고 있는 현재 상태를 잘 설명하고 있다. 수용자의 적극적인 노력이 없다면 정보의 진실성이나 객관성에 대한 판단이 어려워지고 있다.

또한, 주요 미디어의 형태에도 변화가 일어나고 있다. 20세기를 주도하던 4대 미디어(텔레비전, 라디오, 신문, 잡지)는 모바일, 인터넷, 케이블 텔레비전 등과 같은 새로운 미디어들에 의해 그 영역이 잠식당하고 있으며 설 자리를 잃고 있다. 전통적인 미디어는 새로운 미디어와 융합되거나 사라져가고 있는 실정이다. 이런 개인적인 미디어의 출현은 또한 미디어의 중심을 대중에서 개인으로 변화시키고 있다. 즉, 개인 특성이 반영되는 미디어의 선택이 가능해지면서 미디어는 생존을 위해 다양한 방법을 모색하고 있다. 이렇게 개인 간의 커뮤니케이션에서 미디어에 의한 커뮤니케이션이 강조되면서 매스커뮤니케이션이 주목을 받게 되었고, 현재는 이 매스커뮤니케이션을 중개하는 매스미디어가 점점 개인을 그 중요한 수용자로 정의내리면서 또 한 번 커뮤니케이션 방식에 변화를 겪고 있다.

이렇게 미디어는 현대사회와 밀접한 관계를 맺고 있다. 미디어의 변화는 개인의 생활에도 변화를 가져왔다. 더 많은 미디어 사용시간은 개인이 미디어에 의존하는 정도를 심화시켰고, 현대사회의 변화의 원동력에 미디어가 존재한다는 것을 부인할 수 없다. 현대사회의 커뮤니케이션 변화의 대표적인 예인 스마트폰을 살펴보면, 이 미디어의 등장과 발전이 주요 이용자인 젊은이들의 커뮤니케이션 방식과 능력을 어떻게 변화시켰는지 쉽게 관찰할 수 있을 것이다. 스마트폰이 등장한 것은 10년 남짓이지만, 이미 다양한 애플리케이션과 서비스로 우리 삶의 많은 부분에 활용되고 있다. 기본적인 인간관계부터 쇼핑까지 이미 스마트폰은 우리 삶의 상당 부분에 변화를 가져왔다.

또한 시간과 공간의 초월이라는 미디어의 초기 과제는 다양한 커뮤니케이션 기술의 발달로 통합(integration)과 상호작용성(interactivity)을 포함하는 더 복잡한 커뮤니케이션 변화를 가능하게 했고, 새로운 미디어는 우리 사회의 구조와 함께 정보의 유통과 표현에도 변화를 가져왔다.

3. 매스커뮤니케이션의 영향

이렇게 내부적 외부적으로 극심한 변화를 겪고 있는 매스미디어는 다양한 방식으로 우리의 삶에 영향을 주고 있다. 개인적 차원에서 이런 영향을 살펴보면, 매스미디어는 일단 우리 일상의 생활양식으로 굳게 자리 잡고 있다. 우리는 텔레비전, 인터넷, 휴대전화 등 미디어의 이용에 하루 시간의 많은 부분을 할애하고 있다. 한국방송광고공사의 2017년 소비자행태조사(MCR) 자료에 의하면 일반적인 개인은 하루에 평균적으로 2시간 지상파채널을 이용하는 것으로 나타났으며, 모바일인터넷이 1시간 10분 가량으로 두 번째로 가장 많이 이용하는 미디어로 나타났다. 종합편성채널은 59분, 케이블채널은 54분, PC 인터넷은 48분으로 1시간 못 미치는 시간을 이용하는 것으로 나타났다. 시간을 대략 계산하면 하루에 평균적으로 약 6시간 동안 미디어를 이용하는 셈이다[11]. 여기에

---

11 대체로 평일보다 주말에 매체 이용 시간이 높게 나타나고, 가장 이용 시간이 높은 지상파채널의 경우, 평일 대비 주말 이용시간의 증가폭이 두드러지게 나타난다. 모바일 인

휴대폰과 같은 개인적인 미디어의 사용 시간까지 고려한다면 우리의 삶은 이제 미디어 없이는 설명할 수 없을 만큼 미디어에 많이 의존하고 있는 것으로 설명된다. 이런 경향은 미디어 이용에 능한 젊을 세대일수록 그 정도가 심해지는 것으로 예측할 수 있다.

다음으로 사회적 차원에서 영향을 살펴보면, 먼저 긍정적 측면으로는 커뮤니케이션이 시간적 공간적 제약으로부터 자유롭게 됨으로써 구성원 상호 간의 이해를 증진할 수 있고 더 많은 정보를 쉽게 얻을 수 있다는 점이다. 정보 부족이나 독점의 시대는 이미 끝났고, 개인이 필요한 정보는 다양한 방법을 통해서 얼마든지 구할 수 있는 시대이다.

또한 서로 다른 문화 간의 커뮤니케이션이 가능해지면서 문화의 다양성이 증가되었고, 다른 문화에 대한 이해의 틀이 마련되는 계기가 되었다. 즉, 직접적인 경험 이외에 간접적인 경험을 통해서도 다른 문화에 대해서 많은 것을 배우는 것이 가능하게 되었다. 또한, 이런 정보 공유의 가능성 증가는 민주주의 정치제도의 발달과 확립에 밑받침이 되었다 할 수 있다.

반면에 부정적 측면으로는 서구 선진국의 미디어 정보유통의 독점에 의한 문화지배현상을 들 수 있고, 할리우드로 대변되는 콘텐츠 산업의 독점으로 저개발 국가로의 문화침투 또한 지적할 수 있다. 이런 현상에 의해 선진국이 아닌 3세계 국가들의 고유한 문화의 탈색과 가치관 혼란의 문제점이 관찰되고 있다.

또한, 자본을 가진 소수의 사람에게 미디어 정보권력이 집중되어 부의

터넷은 평일, 주말 이용 시간의 차이가 거의 없어, 평준화된 패턴으로 나타났다.(2017년 KOBACO MCR 자료)

양극화 현상을 능가하는 정보의 쏠림 현상이 심화되고 있으며, 지식획득의 기회가 사회계층에 따라 달라지는 현상을 우리 주위에서 관찰할 수 있다. 미디어의 공공성 문제가 불거지는 것도 이런 현상 때문이라고 할 수 있다. 이런 부정적인 면에 대해서는 조금 더 심도 있는 논의가 필요하다. 최근에는 새로운 미디어의 등장으로 정보과잉의 현상이 관찰되고 있으며, 동시에 자유로운 정보의 소통이 더 강화되고 있다. 하지만, 여전히 새로운 미디어에서도 모두의 정보 권력이 평등하다고 말하기는 어려운 상황이다.

4. 매스커뮤니케이션의 기능

그럼 이렇게 우리 삶과 밀접하게 관련되어 영향을 주고 있는 매스미디어는 우리 사회에서 혹은 우리 개인에게 어떤 역할을 하고 있는지 살펴보자. 매스미디어의 다양한 기능을 사회통합의 기능, 사회변화의 기능, 환경감시의 기능, 상관조정 기능, 연결 기능, 사회화 기능, 오락 기능 등으로 다양하게 설명할 수 있다.

먼저 매스미디어의 사회통합 기능은 거대한 대중사회의 익명성과 이질성 등을 극복하고, 활발한 상호작용을 통해 사회를 통합하는 역할이다. 합의와 양보를 통한 사회통합은 민주주의를 지탱하는 가장 기본적인 원리이다. 사회가 거대해지면서 구성원들과의 의사소통이 어려워지면서 사회적 합의를 이끌어낼 수 있는 방법이 필요하게 되었다. 즉, 다양한 미디어를 통해 구성원의 의견을 교환하고 전달하면서 사회적 합의를 이끌어 내는 과정이 민주사회 유지를 위해 중요한 일로 자리 잡았다. 이런 점에서 매스미디어의 발달로 구성원들도 다양한 통로를 통해 의견을 제시하는 일이 가능해졌고, 이런 정보의 소통으로 사회구성원의 합의를 이끌어 내는 것이 가능하게 되었다.

매스미디어가 사회의 통합을 이룰 수도 있지만 때로는 사회 변화를 이끄는 역할도 한다. 90년대 초반까지는 텔레비전이나 신문, 인쇄물 등을 통해서 주요한 여론의 형성을 이루었고, 이런 여론의 표출은 국민의 집회나 서명 운동 등으로 연결되었다. 현재는 인터넷과 같은 새로운 미디어의 등장으로 여론의 형성 및 전파 속도가 더욱 빨라지면서 사회 변화를 요구하는 의견의 결집도 더 빠르게 이루어지고 있다. 촛불 집회나 인터넷 서명운동 등은 불과 며칠 동안에 여론의 생성과 동시에 전파를 가능하게 하는 예이다. 대중이 관심을 가질만한 이슈는 매우 빠른 속도로 여론이 형성된다고 볼 수 있다.

물론 여기서 생각해 보아야 할 점은 과연 매스미디어가 수용자들의 사회 변화의 욕구를 단순히 반영하는지 혹은 그 욕구를 이끌어내는가 하는 점이다. 구성원의 사회 변화에 대한 열망을 미디어가 반영하고 그 과정을 도울 수 있는 가능성도 무시할 수는 없지만, 구성원들에게 중요한 주제가 무엇인지를 정하고 그 주제에 대한 의견의 방향까지 영향을 줄 수 있는 미디어의 힘도 다시 한 번 생각해보아야 할 점이다. 때로는 잘못된 정보나 왜곡된 정보를 통해서 집단의 여론 형성을 유도하는 것도 가능하다.

다음으로 매스미디어는 환경감시 기능을 하고 있다. 사회가 복잡해지면서 개인이 주위 환경에 대해 직접적으로 얻을 수 있는 정보에는 한계가 생겼다. 따라서 매스미디어가 우리 주변의 주제에 대해 다양한 정보를 알려주는 역할을 하고 있다. 매스 미디어의 환경 감시란 사회에서 일어나는 여러가지 사건들에 관한 정보를 수집하여 정리하고 분배하는 활동을 말하며, 신문 같은 보도매체가 일상적으로 다루는 뉴스의 주된 기능이라고 보면 좋을 것이다. 매스미디어는 태풍 등의 천재지변을 예고하거나 북한의 군사도발을 경고하거나 사회 부조리를 고발하여 국민들에게 경각심을 일깨우는 등 주변 환경의 위험을 알리는 긍정적 역할을 한다.

〈그림 6〉 뉴스 스튜디오

출처: 신문과 방송

이런 미디어의 환경감시 기능에는 예방적 환경감시와 도구적 환경감시가 있다. 먼저, 자연재해와 같은 정보를 통해 앞으로의 예측을 가능하게 해주는 것이 예방적 환경감시이며, 생활과 관련된 필요한 정보를 제공하는 것이 도구적 환경감시이다. 이렇듯이 바쁜 현대인들에게 다양한 정보를 제공하는 매스미디어의 환경감시 역할은 중요하다고 할 수 있다.

이렇게 미디어는 사회에서 우리가 관심을 두어야 할 문제를 선택해서 제시하기도 하면서, 더 나아가 상관조정 기능을 통해 그 문제에 대한 해결책까지도 제시하기도 한다. 예를 들면, 그 주제에 대한 전문가를 활용해서 해석을 해주고, 그에 대한 해결책을 제시하는 역할을 적극적으로 수행할 때도 있다. 최근 정치와 관련된 프로그램이 늘어나고, 많은 정치 관련 전문가들을 활용하는 상황이 대표적인 예이다. 이런 기능에 대한 문제점으로는 수용자가 스스로 생각하고 결정할 수 있는 기회를 없앤다는 점이 있다. 미디어가 생각할 주제를 정하고 나아가서 그 해결책까지 제시함으로써 수용자를 자율적인 생각을 하지 않는 수동적인 존재로 만들 가능성이 있다는 점이다. 또 다른 문제점은 공정하지 못한 편향적인 방향으로 의견 제시가 가능하다는 것이다. 우리 사회는 갈등 양상을 띤 많은 이슈를 가지고 있으며, 전문가에 혹은 미디어 채널에 따라서 때로는 편향된 의견을 제시하기도 한다. 이런 편향성은 사회의 분열을 조장하기도 한다. 박근혜 전대통령의 탄핵 이후 보수와 진보의 대립에 편향된 미디어가 기여한 점도 있다고 주장할 수 있다. 편향된 미디어는 자극적인 내용으로 더 많은 구독자를 일시적으로 확보할 수 있으나, 고립된 미디어가 될 가능성이 높다.

매스미디어의 또 하나의 기능은 구성원과의 연결 기능을 들 수 있다. 매스미디어는 사회의 연결되지 않은 구성원 혹은 집단들을 하나로 묶어주는 역할을 한다. 예를 들면, 광고는 판매자와 구매자 사이를 연결시켜

주고 있으며, 미디어의 다양한 이웃돕기 프로그램은 고통 받는 구성원과 그들을 도울 수 있는 구성원을 연결시키는 역할을 하고 있다. 이 기능의 예로 인터넷이 온라인에서의 팬클럽과 동호회 등을 활성화시켰고 오프라인의 물리적 한계를 극복할 수 있는 대안으로 제시되고 있다는 것을 들 수 있다. 또한 크라우드 펀딩처럼 실질적으로 사회의 경제적 발전이나, 새로운 혁신에 기여할 수 있는 길도 열리고 있다.

〈**그림 7**〉 오락 프로그램

출처: 한국일보

커뮤니케이션의 기본 기능인 사회화(transmission of values)나 오락적 기능 또한 매스미디어의 주요한 기능이다. 2017년 소비자행태조사 결과에 의하면, 지상파채널, 종합편성채널, 케이블채널 등 모든 TV채널에서 예능/오락 장르가 가장 선호하는 프로그램 장르로 나타났다.

바쁜 현대인들은 전통과 관습, 가치관, 규범 등 사회의 문화를 교육하는 역할의 상당 부분을 매스미디어에 의존하고 있다. 심지어는 육아에서 어린이들의 놀이 시간 대부분이 매스미디어로 채워지기도 한다. 새로운 세대가 현재의 지배적인 전통과 가치, 규범 등을 받아들이는 과정에 매스미디어가 그 중요한 역할을 하는 것이다. 부모, 친구, 학교 등의 전통적인 교육자가 매스미디어로 대체되고 있다.

여기서 관찰할 수 있는 문제점은 미디어의 사용이 실제적인 사회관계를 학습하지는 못한다는 점이다. 실제로 미디어에 많이 의존하는 세대일수록 사회성이 부족한 문제점이 관찰되기도 한다. 또한, 미디어와 함께하는 시간이 많아지면서 여가를 즐기는 오락 또한 매스미디어에 크게 의존하고 있다. 이런 오락 기능이 생활에 지친 현대인에게 중요하지만, 이미 앞에서 지적했듯이, 많은 사람들에게 즐거움을 줄 수 있는 형식으로 오락프로그램이 제작되면서 저급한 프로그램의 범람을 관찰할 수 있다. 이런 프로그램은 의도된 수용자인 성인에게도 해가 될 수도 있지만, 어린이나 청소년 같은 의도하지 않은 수용자에게는 더 큰 피해를 줄 수 있다. 또한 오락 기능이 강화된 뉴미디어는 중독이라는 문제로 우리 사회를 병들게 할 가능성도 있다.

이처럼 매스커뮤니케이션, 매스미디어는 인간에게 없어서는 안 될 존재로 자리 잡았다. 인간의 커뮤니케이션은 기초적인 면대면 커뮤니케이션에서 매스 커뮤니케이션으로 전환이 이루어졌으며, 미디어의 발전에 따라 그 전달 형태도 변화하고 있다. 휴대용 미디어의 발전으로 언제 어디서나 미디어의 이용이 가능해졌으며, 미디어에 대한 사용자의 의존이 심화되고 있다.

이렇게 커뮤니케이션과 미디어의 중요성이 나날이 늘어가면서 이들에 대한 이해가 더더욱 요구되는 실정이다. 수용자가 미디어와 커뮤니케이션을 이해하고 제대로 사용하기 위해서는 먼저 커뮤니케이션과 미디어를 왜

공부하는지에 대한 진지한 고민이 필요하다. 미디어와 커뮤니케이션을 우리 삶과 연결시켜서 대체 미디어가 어떤 의미를 갖는지에 대해서 고민하고, 알려진 사실 자체를 넘어서 현상에 대한 해석과 설명을 시도해야 한다. 즉, 커뮤니케이션과 미디어를 공부하는 데는 '무엇'보다는 '왜', '어떻게', '그래서'라는 질문을 더 많이 할 필요가 있다. 이런 질문을 통해서 진정으로 커뮤니케이션의 의미를 이해할 수 있고, 변화하는 미디어 환경 속에서 바람직한 발전 방향과 대처 방안을 고민할 수 있을 것이다. 커뮤니케이션은 우리 사회의 변화에 중요한 원동력이자 변화를 이끌어나갈 핵심이다. 이것을 이해하고 효과적으로 사용할 수 있는 능력은 현대사회에 구성원이 갖추어야 할 가장 핵심적인 능력일 것이다.

5. 미디어 효과 이론

대다수 매스커뮤니이션 이론들은 미디어 효과의 관점에서 논의되어 왔다. 인쇄술의 발전으로 독립적 미디어가 등장하면서 또한 이런 미디어에 사회적, 문화적 의미가 부여되면서 나타나는 현상들을 설명하기 위한 노력으로 이론에 대한 논의가 이뤄져 왔다. 1900년 초부터 많은 학자들의 미디어의 영향력과 효과에 관심을 가지고 여러 가지 이론을 제시했다.

초기 연구에서는 이른바 강력한 미디어의 효과를 강조하는 탄환효과

이론이 대두되었다. 수용자 혹은 대중들에 대한 매스미디어의 강력하고 획일적인 효과가 예측되고, 그 영향은 수용자에게 직접적이고 즉각적으로 나타난다는 입장이었다. 하지만 비과학적 접근방법을 활용했다는 점과 수동적인 대중만을 대상으로 한 연구였다는 비판과 더불어 제한적인 미디어 효과를 주장하는 의견이 대두되는 계기가 되었다. 60년대 중반부터 이뤄진 미디어 효과 연구는 기존 연구가 설득적 효과에 머물렀다는 문제를 지적하고, 커뮤니케이션의 다양한 관점과 차원을 설명하는 방향으로 발전하게 되었다. 여기에서 제시된 매스 커뮤니케이션의 특성으로 인식되는 것들은 다음과 같다.

첫째, 대인 커뮤니케이션은 한 사람 혹은 소수 혹은 동질적인 사람들 사이에서 발생하는 반면, 매스 커뮤니케이션은 다수의 이질적인(성, 연령, 교육, 직업, 가치관) 익명의 수용자를 대상으로 한다는 점이다. 따라서 매스미디어에 활용되는 메시지 구성에 있어서는 이런 대중의 공유된 코드를 찾는 것이 무엇보다 중요한 사항이다.

둘째, 수용자에게 메시지가 공개적으로 그리고 동시에 전달되는 특성을 가진다. 따라서 사실과 다른 내용이 매스미디어를 통해 전달될 경우, 그 내용과 관련된 개인 혹은 집단의 명예와 사생활이 크게 침해받을 수 있다. 이로 인해 미디어는 엄격한 윤리성을 지키기 위한 노력이 중요하다.

셋째, 메시지는 일방적으로 전달된다. 전달자는 언제나 전달자이며, 수신자는 전달자가 될 수 없다. 대인 커뮤니케이션에 비해 피드백의 양이 적고, 수신자 반응의 전달속도가 느리다. 최근 뉴미디어를 활용한 피드백이 늘어나고 있으며, 동시에 빅데이터를 활용한 반응 측정도 늘어나고 있다. 하지만 여전히 매스미디어의 경우에는 일방향적인 성격을 가진다.

넷째, 메시지가 간접적으로 전달된다. 미디어 기계를 통한 간접적 커뮤니케이션이기에 상대방의 존재를 의식하지 않고 편안하게 커뮤니케이션에 참여할 수 있다. 텔레비전 생방송을 제외하고는 메시지 내용에 대해서 숙고할 시간이 상대적으로 많은 것도 장점이라 할 수 있다.

마지막으로 매스커뮤니케이션 발신자는 많은 비용이 드는 복잡한 조직체일 가능성이 크다. 다양한 정보원을 통해 정보를 수집한 후 메시지라는 상품을 만들어 소비자(수용자)에게 전달해 주는 대가로 경제적 이윤을 추구하고 있다. 사회의 문화조직이자 공공 봉사조직인 매스미디어는 공익성을 우선시해야 하지만 거대한 조직을 유지하기 위해서는 영리적인 측면도 포기할 수 없는 특징을 가진다. 이로 인해 나타나는 다양한 부정적 측면들도 있기 때문에 사회와 시민의 미디어에 대한 지속적이고 체계적인 감시도 중요하다.

1) 대효과 이론

매스미디어가 처음으로 등장한 시기에는 일반적으로 그 커뮤니케이션 효과가 매우 컸다. 경쟁이 비교적 덜 치열했던 매스미디어의 초창기에 라디오 프로그램이나 TV 프로그램은 사회에 전반적으로 효과를 미치면서 매스커뮤니케이션 시대를 열게 되었다. 또한 전쟁과 산업화 과정에서 정치적인/군사적인 Propaganda, 광고와 PR 등과 같은 매스미디어의 효과를 적극적으로 이용하려는 다양한 시도가 이루어졌으며, 그 과정에서 매스미디어의 효과를 크게 평가하는 대효과 이론이 등장했다.

대효과(30s-40s) 시기는 전쟁과 경제적 대공황(사회적 불안기)에 매스미디어의 효과를 매우 크게 인정하는 이론이었으며, 그 후 제한적인 매스미디어의 효과가 관찰되면서 수용자의 다양한 특성 등 다른 복합적인 요인들을 고려하는 매스미디어의 소효과 이론(50s-60s)이 등장하게 된다. 마지막으로 이런 소효과 이론에 대항해서 중효과 이론(70s)이 등장하는데, 이 이론은 매스미디어의 효과가 작거나 없는 것이 아니라 여러 가지 상황에 따라서 그에 따른 다른 효과가 관찰될 수 있다는 주장으로 이해할 수 있다.

대효과 이론의 대표적인 예로는 피하주사이론 및 탄환이론이 있는데, 이 이론들은 주사를 놓듯 또 총을 쏘듯 수용자에 대한 미디어의 효과가 강력하다고 주장하고 있다. 탄환이론 또는 마법의 탄환이론(magic bullet theory)은 한 미디로 대중미디어가 모든 수용자에게 강력하고 보편적인 효과를 가져온다는 커뮤니케이션 이론으로, 피하주사 이론(hypodermic theory)으로 표현되기도 한다. 이러한 관점은 1차 세계대전에서 선전이 보여주었던 강력한 힘에 의하여 영향을 받았으며, 1920년대부터 1940년대 초까지 각광을 받았던 이 이론은 일반적으로 강력한 매스미디어의 효과와 함께 수동적인 수용자를 전제로 하고 있다.

피하 주사 모델(—hypodermic needle model)도 마법의 탄환 이론과 유사한 의사소통 모델인데, 본질적으로 이 모델은 의도한 메시지를 수용자가 직접적으로 받아들이고 그 내용을 거의 완전히 수용한다는 입장을 견지한다. 피하주사 이론 또한 매스미디어가 시청자나 독자 등에게 직접적이고 즉각적이며 강력한 효과를 미친다는 걸 나타낸다.

마법의탄환 또는 피하주사 모델의 대표적인 예로 간주되는 것 중 가장 유명한 사례는 1938년 방영된 "The War of the Worlds" 라디오 프로그램 방송을 듣고 미국 대중들이 일으킨 반응이다. 많은 라디오 청취자들이 이 프로그램에서 제시한 화성인의 침공을 실제로 일어난 일로 받아들이고 반응했다. 물론 프로그램이 실제 뉴스 스타일을 이용하기는 했지만, 초창기의 매스미디어의 힘을 보여준 사례라고 할 수 있다.

대효과 이론이 주장된 배경으로는 먼저 정치학자 헤럴드 라스웰(Harold Lasswell)이 커뮤니케이션이란 커뮤니케이터가 수용자에게 그 무엇을 하는 것이라고 전제하고, 1차 대전 중 성공적인 선전의 예를 들면서, 선전자는 자기의 목적대로 수용자에게 의도된 그대로의 효과를 만들어낼 수 있었다고 주장했다

다음 배경으로는 사회학 분야에서 제시된 대중사회이론(Mass society theory)으로, 산업화, 도시화, 근대화의 산물로 인간 간의 고리가 단절된 사회를 구성하고 있는 대중은 고립되고, 비조직화 되어있는 원자화된 개인이며, 고독한 군중으로서 외부의 조작에 동조하기 쉬운 비이성적 인간의 특징을 가지고 있다고 강조하고 있다. 여기서 인간은 무력하고 고독하며 집단과 인간들로부터 유리된 수동적 인간으로 인식되었다. 대중사회이론[12]에 기반을 두고 대중은 모두 비슷하고 미디어에 의해 똑같은 반응을 나타낸다고 설명하고 있다.

---

12 대중사회란 산업혁명 이후 새로 출현하게 된 사회로서 대중들, 즉 서로 분리되고 고립되어 있는 상태에서 공식적이고 특수화된 방법에 의해서만 상호의존관계를 가지면서 어떠한 핵심적이고 통일된 가치관이나 목적을 결여하고 있는 개인들로 구성된 사회를 말한다. 산업혁명의 영향으로 18세기말 이후부터는 기존 사회의 전통이 급격히 무너지면서 사회구성원들이 상호간의 유대감을 상실하고 원자화되는 현상이 나타났다. 특히 1930년대에 들어서는 이러한 현상이 더욱 심화되었다.

또 다른 과학적 사례로는 어린이에 대한 모션영화의 영향 연구(1929-1932)에서 어린이들이 자신들이 시청한 영화 장면을 그대로 모방한다는 결과가 관찰되었다는 것이다. 페인재단 연구(Payne Fund Studies)는 매스커뮤니케이션 효과에 대한 최초의 본격적인 과학적 연구이며, 영화가 아동들의 사회적 태도나 행동에 미치는 영향을 주제로 하였다.

연구결과로 밝혀진 어린이들에 대한 매스미디어의 효과는 아래와 같다.

① 아동들의 놀이 행위 등에 새로운 아이디어를 제공

② 사회적 태도에 영향. 협조적, 수용적으로 전환

③ 감정을 자극하여 흥분

④ 현실세계에 대한 사고와 해석방식에 영향→행동에 영향.

⑤ 장기적으로 지속되는 영향력

또한 앞에서 언급한 6백만 시청자 CBS 쇼 "Mercury Theater of the Air"(1938)에서 공상과학소설 War of the Worlds를 뉴스캐스트 포맷으로 전달하였는데, 시작 부분을 미처 듣지 못한 많은 사람들이 실제로 피난을 떠나는 행동을 보였다. 화성인의 침공을 라디오로 방송했고, 이 사례는 탄환이론의 타당성을 증명하는데 결정적으로 공헌했다. 약 6백만 명의 미국 청취자 중 일백만 명 가량이 이 쇼를 실제 사건으로 생각하고 엄청난 혼란이 발생했다.

2~3년 후 남미에서의 "화성으로부터의 침입" 사건이 재현된 것도 대효과 이론을 뒷받침하는 사례이다. 칠레와 페루에도 미국에서와 똑같은 일이 발생하여 이 상황을 일반화시키게 되었다. 칠레에서는 같은 내용을 배

경만 바꿔서 방송했으며, 며칠 전부터 그 내용을 예고했으며, 방송 중에도 수차례 그 내용을 알려주었으나, 수용자로부터 미국에서와 같은 반응을 관찰하게 되었다.

마지막으로 심리학에서 주장된 행동주의(John B. Watson, 동물실험가) 이론이 대효과 이론을 뒷받침했는데, 이 행동주의 이론은 구체적 자극과 구체적 행위 관계를 연구함으로써 행위의 원인을 파악하고 있다. 모든 인간 행위는 외적, 환경적 자극에 대한 조건화된 반응을 보인다고 설명하고 있다.

대효과에서는 수용자를 대중으로 인식하고 있으며, 대중은 특색 없는 집단으로 수용자를 이해하는 것으로, 수동적, 비이성적 대중을 묘사하는 대중사회이론과 그 해석을 공유하고 있다.

이런 수용자를 대상으로 하는 매스미디어의 효과는 직접적(direct), 즉각적(immediate), 보편적(universal)으로 묘사된다. 직접적이라 함은 수용자의 선별성이나 인간관계 등과 같은 방어기제를 거쳐 여과되지 않고 미디어 효과가 매스미디어로부터 직접 수용자에게서 발생함을 지칭한다. 즉각적이라 함은 효과는 지연되지 않고 강력하게 모든 사람에게 발생하는 것을 나타내며, 보편적이라 함은 전달되는 메시지는 모든 수용자에게 동일하게 전달되며 그 결과도 동일하다고 설명하고 있다. 특히 1차 대전 당시의 선전술, 2차 대전 당시 독일 나찌(Nazi)가 행한 방대하고 교묘한 선전술등이 대효과를 지지하는 예로 자주 활용되었다.

이런 대효과 이론에 대한 비판 또한 존재한다. 우선 다른 연구들에서는 탄환이론 효과에 관한 확실한 증거를 발견하지 못하거나 상반된 연구결과가 관찰되었다는 것이다. 그 이유는 기존 대효과 이론 연구들이 비과학적 분석 방법을 써서 연구가 이루어졌다라고 설명하고 있다. 또한 초기에 미디어가 처음 등장했을 때는 그 새로움으로 인해서 물론 그 효과가 클 수밖에 없었으나, 차차 수용자가 미디어에 익숙해지면서 변별적으로 미디어를 사용하기 시작했고, 또한, 다양한 미디어 혹은 채널이 서로 경쟁하면서 처음의 강력한 효과는 사라졌다라고 설명하고 있다.

결국 대효과 이론은 미디어와 연관된 광고업자나 선전담당자들이 갖고 있는 강한 신념에 근거한 것에 불과하며, 이 분야 사람들은 미디어의 효과가 크다고 믿어야만 하는 사람들이다. 과학적인 연구나 조사에 의한 실증적인 이론이 아니라 하나의 가정에 불과한 추정이었다라고 주장하고 있다.

2) 소효과 이론

소효과 이론을 지지하는 과학적 사례는 먼저 2차 세계대전에서의 호블랜드(Hovland)의 훈련병들에 대한 연구를 들 수 있다. 훈련병들에게 4편의 시리즈로 구성된 'Why We Fight'란 정훈영화를 시청하게 한 후 그들의 태도 변화를 측정한 실험연구에서 탄환이론 주장과 다른 결과가 관찰되었다. 즉, 탄환이론대로 생각한다면, 모든 훈련병의 사기가 상승해야 했으나, 실제로 태도를 측정한 결과, 정훈영화를 본 후에 사기가 올라간 사람, 그대로인 사람, 오히려 사기가 떨어진 사람 등 같은 커뮤니케이션 메시지에 대한 다양한 효과가 관찰되었다.

다음 과학적 사례는 라자스펠드의 연구로 1940 대통령 선거를 주제로 한 연구에서 투표의사 결정 시기, 도시 혹은 농촌 거주자의 차이, 수입, 종교적 배경, 정당, 미디어 이용 습관 등을 통해 투표 의도와 실제 행위와의 관계를 분석하였는데, 공화당에 투표한 응답자는 주로 부유한 개신교 농부들이었으며, 민주당 후보에 투표한 응답자는 카톨릭의 도시 노동자 집단이었다. 이 연구로부터 결국 미디어는 이미 투표자들이 가지고 있는 선유경향들을 활성화 혹은 강화시키는 역할만을 하고, 새로운 태도를 형성시키는 데에는 실패라는 결론을 내리고 있다.

심리학 분야에서도 소효과 이론을 지지하는 이론적 근거를 활용하였다. 개인적 차이의 효과를 주제로 한 연구에서 욕구, 태도, 가치, 지적 능력 등 개인적 요인들이 태도 형성 과정에 관여하는 것으로 나타났다. 앞에서 제시했던 자극-반응 모델의 효과를 매개하는 유기체(O)를 발견했다. 즉, 자극에 모두 획일적인 반응이 기대되는 것이 아니라 유기체가 가진 다양한 속성들이 그 반응에 영향을 준다는 것이다. 여기서 결국 인간의 의견과 행동이 선천적인 본능이 아닌 후천적 학습에 따라 규정된다는 것이며, 인간의 욕구와 태도, 가치와 기타 성격요인이 개인마다 다르기 때문에 인간은 자극에 개인마다 각기 독특한 방식으로 반응한다는 것을 설명하고 있다.

그 중 가장 대표적인 것은 정보에 대한 선택적 노출, 지각, 파지 현상을 제시할 수 있다. 결국 수용자는 자신들에게 관심 있는 메시지에 주목하고 회상하려는 경향을 가지고 있으며, 그 이외의 메시지는 무시하거나 건성으로 처리한다는 것이다. 결국 이 모든 결과는 사람들의 기호나 의견들이 미디어 효과에 직접적으로 관여한다는 증거가 될 수 있다.

또한 사회학에서는 사람들이 속한 사회적 범주의 효과가 관찰되었고 소효과를 지지하는 근거로 활용되었다. 사회 내 다양한 위치에 있는 유사한 사람들의 특성에 주목하게 되었고 결국 경제적, 인종적, 민족적, 사회적 제도(가족, 종교, 정부 등) 등의 효과를 포함하는 사회적 범주의 행위에 대한 영향을 발견하였다. 산업사회에서 원자화되고 비이성적인 수동적 수용자 개념을 부정하게 되었으며, 사회적 범주 내에서 개인 간의 강한 연대를 갖고 있으며, 동시에 개인마다 독특한 개성을 소유하고 있는 능동적 수용자 개념을 주장하였다.

소효과에서 주장하는 내용은 다음과 같다. 우선 정보처리에서의 1차 집단의 재발견이 필요하다. 각 개인이 소속되어 있는 사회 속에서의 개인의 위치와 다른 사람과의 관계 유형에 따라 매우 다른 수용자의 미디어 이용과 효과가 관찰된다. 즉, 개인적 사회관계가 매스미디어 이용 및 반응에 영향을 미친다는 것이다.

미디어 효과는 간접적이다. 메시지 자체가 직접적으로 수용자에게 효과를 일으키기보다는 수용자의 선유경향과 커뮤니케이션의 상황적 요인(맥락)에 의해 중개되면서 효과가 일어나는 것으로 이해할 수 있다. 따라서 수용자나 상황에 따라서 매스미디어 효과는 다르게 나타날 수 있다는 것이다.

이단계 정보흐름(two step flow of communication) 모형은 사람 간의 상호작용을 강조하고 있다. 탄환이론에서는 일단계 정보흐름 모형에서는 매스미디어에서 수용자로의 직접적인 커뮤니케이션만을 가정한다. 하지만 소효과 이론에서는 매스미디어에서 수용자에게 직접적인 커뮤니케이션도 일어나지만 의견지도자의 영향 또한 고려하고 있다. 즉, 미디어로부터 메시지를 받은 누군가가 그 메시지를 수용자에게 전달할 수도 있다는 것이다. 그 예로 투표자의 정보와 의사결정에 대해 영향력을 발휘하는 중요한 타인들(other people)이 존재한다는 것이다. 결국 사회적 범주 내에서 연결된

대인적 영향(personal influence)의 중요성을 강조하고 있다.

즉, 미디어와 수용자 사이에 의견지도자 혹은 의견선도자가 있어서, 1단계의 정보전달이 아닌 2단계의 정보전달을 가능하게 한다. 더 나아가서 이런 수용자 간의 영향을 여러 단계의 정보흐름 유통 모형으로 설명할 수 있다.

정보의 유통에 대한 4가지 가능성은 아래와 같다.

① 정보의 1단계 흐름 - 의견선도자를 거치지 않고 직접적으로 미디어에서 수용자로 정보 유통

② 정보의 2단계 흐름 – 미디어에서 의견선도자를 거쳐서 정보 유통

③ 정보의 3단계 흐름 – 미디어에서 의견선도자로 다시 또 다른 의견선도자로 정보 유통

④ 정보의 4단계 흐름 – 의견선도자에서 의견 선도자를 거쳐서 활동적 추종자에서 비활동적 추종자(가장 많다)로 정보 유통

지금 새로운 미디어가 더 많아진 상황에서 정보 유통을 설명하는 이론은 거미줄 혹은 네트워크 형태로 이해할 수 있다. 여전히 의견선도자가 존재하겠지만, 전통적인 의미의 의견선도자라기보다는 커뮤니케이션 기술에 익숙하고 의견을 표현할 수 있는 개인은 누구나 의견선도자가 될 수 있다. 또한 인터넷을 포함하는 다양한 미디어로 인해 그 연결 또한 과거와 비교할 수 없을 정도로 다양해졌다.

소효과 이론에 대한 비판 또한 존재하며, 제시된 단점 중 하나는 활용

한 연구가 오직 정치적 분야 연구에만 제한되었다는 것이다. 즉, 정치 행위는 다른 행위와는 차이가 나는 특성을 가지고 있다. 대립되는 성향이 존재한다는 것이다. 따라서 사람들의 제한된 행위에 국한해서 매스미디어의 효과를 살펴보는 것은 문제점을 가지고 있을 수도 있다. 또한 미디어 효과를 단기간 효과에 치중해서 이해했다는 점이다. 단기간에는 효과가 관찰되지 않을 수 있겠지만, 장기간 효과가 존재할 수 있다.

■ 확산이론

정보의 유통을 설명하는 커뮤니케이션 이론으로 확산이론(diffusion theory)이 있다. 사회적 구조 내에서 어떤 결정과정을 통해 시간의 경과에 따라 새로운 정보나 아이디어가 구성원들에게 전파되는 것을 설명하는 이론이다.

확산이론은 어떻게 새로운 생각, 제품, 사회 운동이 어떻게 사회 내에서 혹은 사회 간에 퍼져 나가는지 혹은 사회 체계 안의 구성원 내에서 혁신이 특정 채널을 통해 특정 시간동안 퍼져나가는 과정을 설명하고 있다. 개인 차원에서는 혁신이란 라이프스타일의 변화를 의미하며, 조직 차원에서는 관련 프로그램을 시작하고, 규정을 바꾸며, 개인 책무를 바꾸는 과정을 의미하며, 지역사회 차원에서는 미디어를 활용하거나, 정책을 지지하거나, 관련 조직을 구성하는 등의 활동을 의미한다.

얼마나 빨리 또 얼마나 넓은 범위로 확산이 이루어지는가에 영향을 주는 요인으로 상대적 이점(relative advantage), 호환성(compatibility), 복잡성(complexity), 시험가능성(trialability), 관찰가능성(observability) 등의 핵심 요인들이 제시되었다.

상대적 이점은 이 혁신이 다른 것보다 우월한가의 문제이며, 호환성은 의도된 수용자에게 적당한 혁신인가이며, 복잡성은 혁신 실행이 용이한지이며, 시험가능성은 시험적으로 경험이 가능한가이며, 마지막으로 관찰가능성은 혁신이 느껴질 만큼의 결과를 창출할 수 있는가를 의미한다.

확산모델(diffusion model)에서 정보유통 흐름을 생각한다면, 강효과 혹은 대효과 이론에서는 일단계를 소효과 혹은 제한효과 이론에서는 이단계 이상의 정보흐름 모형을 활용하고 있다. 사람들이 의식하고 관심을 가질 때 의사결정의 초기단계에서는 미디어에 직접적으로 영향을 받을 수도 있다. 하지만 조금은 정밀한 혹은 중요한 결정이 필요한 후반부에 있어서는 다른 사람 즉 믿고 따르는 의견 지도자의 영향력이 결정적일 수 있다는 것이다. 결국 매스커뮤니케이션보다 대인커뮤니케이션에 더 의존한다는 것이다.

단계별로 매스미디어와 의견선도자의 역할을 설명하면 아래와 같다.

① 지식단계: 매스미디어를 통해서 개인이 정보에 대한 존재를 알게 되고 그것에 대한 기본적인 이해를 한다.
② 설득단계: 정보를 보유한 개인이 개혁에 대해 찬성 or 반대의 태도를 형성하게 된다.
③ 결정단계: 개인이 개혁의 채택 여부를 결정한다.
④ 이행단계: 개혁을 사용한다.
⑤ 확인단계: 개인이 자신의 결정을 뒷받침할 근거를 찾게 되며, 결정에 모순되는 정보를 접하면 결정을 번복할 수 있거나 뒤늦게나마 개혁을 채택할 수도 있다.

3) 중효과 이론

중효과 이론이 나오게 된 이유 중 하나는 소효과 이론이 매스미디어 효과를 너무 과소평가했다는 점이다. 매스미디어는 어떤 상황에서는 큰 효과를 보일 수도 있다는 것이다.

다음으로는 소효과 이론을 지지하는 연구나 상황은 그 효과를 태도나 의견의 변화에만 초점을 맞추어서 진행되었다는 점이다. 정서적 측면도 존재하지만 인지적 측면의 효과도 있다는 것이다. 즉, 어떤 정보가 매스미디어에 의해 사람들에게 알려졌다면 그것도 결국 커뮤니케이션 효과로 볼 수 있다.

역시 마찬가지로 소효과 이론에서도 커뮤니케이션의 장기적 효과를 무시하고 단기적 효과에만 초점을 두어 결과를 도출하였다. 커뮤니케이션의 장기적이고 누적적인 효과가 있을 수도 있다는 점을 고려하지 못했다.

마지막으로 소효과 이론은 수용자를 너무 능동적인 존재로 인식했다는 것이다. "매스미디어가 수용자에게 무엇을 하는가?"라는 문제의식에서 수용자가 매스미디어를 갖고 무엇을 하는가?"로 그 중심이 인간으로 이동하면서 새로운 이론적 방향성이 필요하다.

먼저 중효과 이론이 등장한 배경은 수용자에 대한 새로운 해석이다. 수용자는 미디어 선택과 소비에 있어 적극적이고 목적 지향적이다. 즉, 커뮤니케이션 과정에서 수용자는 욕구 충족을 위해 미디어 선택의 결정권을 가진다는 것이다. 미디어로부터 효과가 발생한다기 보다도 오히려 적극적으로 미디어를 수용자가 활용한다는 것이다. 따라서 충분히 미디어 효과가 발생할 수 있다는 것이다.

3장

설득커뮤니케이션

제3장

설득커뮤니케이션

1. 설득커뮤니케이션의 역사

1) 설득커뮤니케이션의 시작

우리가 설득을 생각했을 때, 과연 무엇이 처음 떠오르는가? 아마도 유력한 정치가가 떠오를 수도 있고, 유명한 연예인도 마음속에 떠오를 것이다. 그럼 이들이 가지고 있는 특성은 무엇인가? 우리 주변에 이런 인물 이외에 설득의 힘을 가지고 있는 대상에는 어떤 것이 있는가? 이런 질문들이 결국 설득에 대한 사람들의 관심을 불러 일으켰고, 설득이 중요한 주제 중 한 가지로 다루어진 이유이다.

개인이 커뮤니케이션을 통해서 다른 사람에게 영향을 주는 설득은 오랜 시간 동안 관심이 되는 주제였다. 민주주의적인 정치제도와 재판제도가 있던 고대부터 설득의 중요성은 여러 철학자 및 대중에 의해 강조되었다. 정치와 법률적인 측면에서의 유용성 때문에 수사학이란 학문이 시작되었고, 수사학은 설득커뮤니케이션의 출발이 되는 학문 분야이다. 이런 발전의 근간이 되는 곳은 고대 그리스였다. 그리스에서는 재판 과정에서 시민이 때로는 검사나 변호사의 역할을 하기도 했다. 이런 상황에서 결국 수사학에 대한 교육에 대한 수요가 생겼다. 소피스트(Sophists)라 불리는 일단의 철학자들이 수사학 수업을 제공하기 시작했다. 그들은 도시를 여행하면서 일정한 수업료를 받고 수사학을 가르치기 시작했다.

수사학은 어떤 의도를 달성하기 위해서 수용자를 목표로 표현하는 언어적인 또 비언어적인 기호를 가지고 만들어지는 형식에 초점을 맞춘 학문이다. 여기서 기호에는 단어, 이미지, 제스처 등 커뮤니케이션에서 사용 가능한 모든 수단이 포함된다.

설득커뮤니케이션의 기원은 기원전 5세기 고대 그리스로 추정되며, 대표적인 소피스트(Sophist)[13]인 코렉스와 그의 제자인 티시아스(Corax & Tisias)가 처음으로 수사적 커뮤니케이션(rhetorical communication)에 대한 논문을 남겼으며, 이들은 수사학을 법정에서 자신의 주장을 효과적으로 논증하는 방법이라는 관점에서 설명했다. 이 스승과 제자 사이의 재판에 대한 흥미로운 일화가 전해진다.[14]

---

13 기원전 5세기부터 기원전 4세기까지 그리스를 중심으로 활동했던 철학사상가들, 설득을 목적으로 하는 논변술을 강조, 진리와 정의를 상대적인 기준으로 해석하였다.(두산백과)

14 코렉스(Corax)와 그의 제자 티시아스(Tisias)의 재판: 법정에서 상대를 설득하는 기술을 가르쳐 준 코렉스는 수강료를 받지 못하자 티시아스를 상대로 법정에 소송을 낸다. 티시아스는 돈을 지불하지 않아도 되는 두 가지 이유를 제시하는데, 첫 번째는 자신이

또 다른 소피스트인 고르기아스(Gorgias)는 수사학에서 연설가의 임무는 청중에게 영향을 미치고 강한 인상을 심어주는 것이라는 견해를 제시했다. 그는 형식과 감정적(정서적) 소구의 중요성에 대한 견해를 제시했다. 고르기아스는 시칠리아의 외교관으로 감동적 연설의 달인이었으며, 망자나 신을 찬양하기 위한 형식적인 연설을 서정시의 형태에서 대칭, 대구, 산문의 리듬감을 살린 문학적 산문으로 표현하였다. 연설 형식(style)과 감정적 호소(emotional appeal)를 수사학의 중요한 요소로 제시하고 있으며, 훌륭한 연설가는 청중을 매혹시킬 수 있으며 존재하지 않는 것을 믿도록 사람을 설득할 수 있어야 한다고 말하고 있다. 감성적인 측면을 강조한 관점으로 설득에 접근했다.

소크라테스(Socrates)의 제자인 플라톤(Platon)[15]은 고지아스의 의견과 상반되는 내용을 이야기하고 있다. 그는 설득의 도덕적인 방법은 결국 논리를 바탕으로 해야 하며, 오직 논리에 의한 설득만이 진정한 설득이라고 강조하고 있다. 플라톤은 로고스(logos)라고 부르는 진정한 담론의 세계에는 상반된 진리의 가능성이 있을 수 없다고 주장했다. 즉 애매모호함이나 의미의 복수성, 다양한 의견은 로고스의 세계에서는 허용되지 않는다고 주장했다. 플라톤이 말하는 대화술의 논리인 변증법에 의해 질문과

소송에서 이겼을 경우에는 당연히 돈을 지불하지 않아도 되는 것이고, 두 번째는 지게 될 경우 자신이 제대로 설득기술을 배우지 못한 것이므로 돈을 지불하지 않아도 된다는 것이다. 이 변론에 코렉스는 티시아스가 반드시 돈을 지불해야 하는 두 가지 이유를 제시한다. 첫 번째는 자신이 소송에서 이기면 당연히 돈을 지불해야 되고, 두 번째로, 소송에서 졌을 경우 자신에게 설득기술을 제대로 배운 것이기 때문에 돈을 지불해야 된다고 주장한다.

15 플라톤은 탄식했다. '소피스트는 웅변가이지만 진실과는 거리가 있으며, 오직 법정에 앉은 사람들로부터 인정받으려는데 불구하다.'

대답의 과정에서 정확한 진리가 도출된다고 주장한다. 또한 그는 힘들고 고통스러운 논쟁을 통해서만 진리에 도달할 수 있으며, 즉각적인 승인을 위한 번지르르한 또 빠른 논쟁은 무의미하다고 주장했다[16].

아리스토텔레스(Aristotle)는 수사학적 대화에 대한 종합적인 이론적 접근을 제시했다. 아리스토텔레스는 수사학을 어떤 경우에나 쓸 수 있는 가능한 모든 설득의 수단을 발견해내는 학문 또 각각의 특정한 상황에서 유용한 설득의 수단을 찾는 능력으로 정의내리고 있다. 소피스트 수사학이 인간 정서 유발에 초점을 둔 것과는 달리 아리스토텔레스는 수사학을 철학적이고 논리적인 방법으로 강조한다. 수사학은 아리스토텔레스에 이르러 그 결정적인 모습을 갖추게 된다고 볼 수 있다. 또한 그는 과학적인 관점에서 수사학을 설명하려고 했다.

그는 설득의 이용 가능한 수단으로 로고스(logos), 파토스(pathos), 에토스(ethos)를 제시하고 있다. 여기서 플라톤과는 달리 아리스토텔레스는 논리적인 로고스에 에토스(화자를 신뢰할 수 있게 만드는 성격)와 파토스(청중과 관련된 감성)를 포함시키고 있다. 여기서 에토스는 키케로가 강조한 기교적인 전달자 특성보다는 비기교적인 전달자의 특성으로 강조하고 있고, 그 중에서도 유리적인 특성을 강조하고 있다. 아리스토텔레스의 주장에서는 수용자를 중심으로 설득 논리를 고민했다는 특징을 찾아볼 수 있다. 아리스토텔레스는 말의 기술보다는 효과를 높일 수 있는 설득 방법을 발견하는 이성적이고 논리적인 능력을 주요한 설득 수단으로 강조한다.

---

16 플라톤과 소피스트의 상반된 접근은 오늘날 광고 같은 상업적메시지에 대한 논쟁과 연결될 수 있다.

수사학에서 주로 연구된 주제를 자세히 살펴보면, 현대 설득커뮤니케이션과의 연계를 쉽게 관찰할 수 있다. 수사학의 연구 주제는 먼저 어떻게 효과적으로 메시지 내용을 창안하는가, 다음으로는 그 내용 중 어떤 것을 선정하며 또 어떻게 배열하는가, 또 그 배열에서 내용을 꾸밀 수 있는 문체, 스타일 등의 언어적 수식화 등이다.

고대 로마의 철학자이자 정치가인 키케로(Cicero)는 웅변가로 명성을 얻었는데, 그는 웅변술에서의 다시 한 번 감정적인 호소의 중요성을 강조하였다. 그가 강조한 수사학의 내용은 주장을 입증할 수 있는 증거나 논거를 발견하고, 체계적으로 이들을 조직하며, 설득 효과를 높이기 위해 수려한 문체로 내용을 구성하며, 그 내용을 효과적으로 암기하고 또 기술적으로 전달하는 것으로 요약할 수 있다. 현대에서 많이 강조되는 프레젠테이션 기술을 충분히 설명할 수 있는 내용이다.

수사학의 규범을 정리하면 논의의 주제와 그 주제를 지지하는 자료 등 내용의 틀을 결정해야 하고, 그 내용을 이야기할 연설의 구조로 배열하는 것이 필요하다. 여기서 표현은 어떤 언어로 그 내용을 나타낼 것인가 하는 측면이고, 이렇게 만들어진 내용을 잘 암기하고 효과적으로 발표해야 한다.

이처럼 고대 그리스부터 설득은 수사학으로 시작되었고, 그 이후로도 로마, 르네상스시대, 그리고 식민시대에도 수사학이란 이름을 가지기는 했지만 설득에 대한 연구가 지속되었다. 현대 설득 연구 이전에 제시된 많은 이론 및 주장은 지금도 그 정당성을 인정받고 있다. 예를 들면, 설득의 이용 가능한 수단으로 고대 철학에서 강조된 논리, 감정, 전달자 특성 등은 지금도 설득에서 고려해야 할 가장 중요한 요소로 평가받고 있다.

〈표 2〉 수사학 규범

규 범	내 용
발상(invention)	주제와 지지하는 자료 등 내용틀 결정
배열(arrangement)	이야기할 연설의 구조 결정
표현(style)	언어의 선택과 사용 방법
기억(memory)	내용의 효과적인 암기
발표(delivery)	언어적, 비언어적 표현의 연설 실연 과정

2) 설득커뮤니케이션의 발전

현대 설득커뮤니케이션의 정립 및 비약적인 발전은 1차, 2차 세계대전을 겪으면서 이루어졌다. 전쟁의 어두운 뒷면에는 의학, 정치, 과학, 예술 등 인류 문명의 필수적인 구성 요소의 발전이라는 모순되는 측면이 존재한다. 전쟁 동안 연합국과 나치가 선전(propaganda)을 활용하면서 이 분야의 연구가 활성화되었고, 설득커뮤니케이션이 현대 학문 중 한 영역으로 정립되었다. 이 기간 중에 설득과정을 이해하려는 시도에 따라 설득과정이 정보원-메시지-매체-수용자-효과 등 5단계로 정리되었다.

이 시기에 사회과학적 방법의 활성화도 이루어졌는데, 제럴드 밀러(Gerald R. Miller)는 논리적인 이론들과 체계적인 관찰을 강조하고 연구에 활용하면서 사회과학적 방법을 발전시켰고, 이런 사회과학방법(social scientific methods)을 활용하여 논리적으로 도출된 이론과 체계적인 관찰을 이용한 설득을 이해하려는 학문의 과학성이 발전하게 된다. 이처럼 고대부터 수사학의 중요한 주제로 다루어진 설득이 현대의 설득커뮤니케이션 학문 영역으로 자리 잡게 되고, 사회과학적 방법이 활용되면서 사회과학의 한 분야로 인정받게 된다. 영문학에서 시작된 설득에 대한 관심은 심리학, 정치학 등 다양한 분야로 그 영역을 확장하면서 고유한 학문적 위치를 형성하였다.

현대에서 설득커뮤니케이션 학문이 갖는 주요한 의의는 사회에서 발생하는 다양한 설득커뮤니케이션 현상을 명확히 설명하고 그 원인과 활용에 대해 설명하며, 필요한 설득을 통해서 사회에 필요한 긍정적인 결과를 얻을 수 있다는 것이다.

3) 설득커뮤니케이션의 효과

설득커뮤니케이션의 놀라운 효과는 역사 속 사건들에서 찾을 수 있다. 정치, 외교, 경제, 문화 등 다양한 영역에서 설득의 효과가 관찰되고 있다. 가장 대표적인 설득커뮤니케이션 효과의 사례로는 독일의 히틀러와 그의 공보장관인 괴벨스(Paul Joseph Goebbels)이다. 히틀러는 효과적인 선전 전략을 통해서 정당성 없는 비윤리적인 전쟁에 독일 국민들의 전폭적인 지지를 이끌어냈다. 특히 괴벨스는 나치 상징 하켄크로이츠(Hakenkreuz)와 제복, 행사 등을 통해 대중을 선동하였다. 특히 라디오와 같은 언론매체와 대중연설을 통한 전략을 주로 활용하였다.[17] 미디

17 괴벨스의 명언 "99개의 거짓과 1개의 진실의 적절한 배합이 100%의 거짓보다 더 큰 효과를 낸다." 괴벨스는 최초로 라디오와 텔레비전을 선동에 활용한 정치선동가이다.

어를 체계적으로 대중 선동에 이용한 예로 이해할 수 있다.

선전(propaganda)은 특정 정보를 많은 사람들에게 이해하도록 잘 설명하여 널리 알리는 일로 종교적, 정치적, 군사적 목적으로 사용되었다. 선전은 원래 중립적인 의미를 가지고 있었으나, 역사적으로 주로 정치적, 군사적 목적을 이루기 위해서 편파적으로 활용되면서 부정적인 의미를 내포하게 되었다. 부정적인 의미를 더 강조하기 위해서 선전을 선동으로 표현하기도 한다. 세계대전에서는 선전을 국민을 전쟁에 동원하거나 애국심을 고취하는데 활용하였다. 선전은 6·25전쟁 및 베트남 전쟁에서도 활용되었다.

또 다른 예로는 수많은 희생자를 만들어낸 1905년 제1차 러시아혁명과 1917년 3월 혁명 등 러시아의 사회변혁 혁명과 1966년부터 1976년까지 10년간 중국에서 진행된 극좌 사회주의운동문화혁명 등의 정치 관련 혁명들이 있다. 이런 대규모 정치 운동의 수단으로 선전은 널리 활용되고 있다.

국내에서도 평화의 댐 모금운동, 광우병, 메르스, 북한문제, 촛불시위 등 그 정당성에 대한 평가를 제외하고라도 우리 사회 곳곳에서 선전이 널리 활용되고 있으며, 최근 미디어 및 커뮤니케이션 방법의 다양화로 인해서 선전의 특성을 우리 주변 커뮤니케이션에서 쉽게 관찰할 수 있다. 새로운 미디어의 발전으로 인해서 더 쉽게 의견을 공유할 수 있는 장점도 있으나, 오히려 다른 의견을 가진 사람들 사이에 벽이 생기며, 그 집단의 극화된 정보를 바탕으로 하는 급진적인 집단들도 생겨나고 있다. 최근 온라인을 활용한 테러리스트들의 활동과, 보수와 진보의 갈등 등이 그 대표적인 예라고 할 수 있다.

2. 설득커뮤니케이션 정의 및 종류

1) 설득커뮤니케이션 정의

어떤 현상이나 대상에 대한 개념을 명확하게 만드는 방법 중의 하나는 그 정의를 정확하게 하는 것이다. 어떤 주제나 대상이 있을 때, 이해를 돕기 위해서는 그 주제나 대상이 무엇인지를 설명하는 것이 가장 기본적인 접근이다. 설득이 가지고 있는 주요한 특징을 정의를 통해서 알아볼 수 있다.

〈표 3〉 설득의 정의

설득의 다양한 정의
▪ 청중에서 화자가 바라는 반응을 불러일으키기 위한 기술 ▪ 언어를 통하여 사람들의 마음에 영향을 미치는 기술 ▪ 삼단논법과 같은 연역적 방법을 사용하는 문답법과는 달리 대중들이 쉽게 이해할 수 있는 약식 삼단논법이나 예시 등의 귀납적 추리방법을 사용하여 다른 사람들의 마음에 영향을 미치고자 하는 논증법 ▪ 설득이란 다른 사람의 의지를 유발시키기 위해 감성에다 이성을 결부시키는 수단 ▪ 커뮤니케이션(설득)이란 한 개인이 다른 개인의 행동을 변용시키기 위하여 주로 언어적 자극을 통해 메시지를 전달하는 과정 ▪ 효과가 없는 설득이란 있을 수 없으며, 설득 커뮤니케이션이란 설득원이 바라는 그 어떤 목표를 달성하고자 주로 메시지를 통하여 수용자들로부터 어떤 의도된 행동을 유발시키는 역동적 과정 ▪ 설득이란 한 개인이나 집단이 어떤 메시지의 전달을 통하여 다른 개인이나 집단의 행동을 변용시키고자 하는 의도적 커뮤니케이션 ▪ 타인이 제공하는 정보에 노출됨으로써 발생하는 태도 변화 ▪ 한 명 이상의 사람들이 주어진 커뮤니케이션 상황 속에서 기존 신념이나 태도, 의도, 동기, 행동 등의 반응을 유발, 보강, 조정, 제거하는 데 참여하는 활동이자 과정 ▪ 주어진 상황에서 가능한 설득 수단을 인지할 줄 아는 능력 ▪ 사전에 계획된 목적을 향해 사람들의 동기를 조직함으로써 사람들의 생각과 행동을 바꾸려는 의식적인 시도

우선 설득의 대상이 되는 것은 피설득자의 신념, 가치, 태도 그리고 행동이다. 물론 그 주제나 대상에 따라서 설득이 얼마나 용이한가는 차이가 있다. 여기서 설득을 정의하면, 설득은 다른 사람들의 신념, 가치, 태도, 행동을 변화시키려는 의도로 설계된 커뮤니케이션으로 이해할 수 있다.

또한 "설득된다"는 것은 수신자의 이성과 감정에 호소하는 기호, 상징 등을 활용한 메시지의 교환에 의해 수용자의 태도나 행동이 변화된 상황이며, 이 상황은 때로는 약한 강제성을 띄기도 한다. 여기서 제시하는 강제성이라 함은 인간관계나 설득자와 피설득자의 관계 및 역할에 의해 발생하는 강제성이다.

피설득자에게 보상이나 처벌을 가할 수 있는 상황 때문에 설득자가 설득에 성공하는 상황은 비자발적인 기본 신념과 믿음의 변화(involuntary reeducation of basic beliefs and values)로 설명할 수 있다. 이런 방법들은 민주주의 사회에서의 이상적인 자발적인 설득과 충돌하며 진정한 의미에서의 설득이라고 보기 어렵다. 하지만 실제로 사회 지위나 인간관계에서 발생하는 설득, 사회집단 속성으로 발생하는 설득, 종교처럼 특별한 상황에서 발생하는 설득 등이 우리 사회에서 쉽게 관찰되고 있으며 그에 관한 내용이 설명되기도 한다. 부정적인 예이기는 하지만 사이비 종교 집단에서의 설득은 비이성적이고 비합리적이지만 그 효과가 매우 큰 것으로 관찰되고 있으며, 때로는 사회의 큰 문제가 되기도 한다.

위에서 정의된 설득 과정에서는 언어만이 쓰이는 것이 아니라 기호들이나 몸짓 등 비언어적인 수단이 쓰이기도 한다. 설득이 이성적인 또 비이성적인 측면을 모두 반영하고 있다면, 설득 상황에 따라서 활용되는 또 중요한 설득 수단이 달라질 수 있다.

2) 설득커뮤니케이션 결과

설득 과정을 통해 창출되는 세 가지 유형의 결과는 태도/행동 생성(being persuaded as a Response-Shaping Process), 태도/행동 강화(being persuaded as a Response-Reinforcing Process), 태도/행동 변화(being persuaded as a Response-Changing Process)로 요약할 수 있다. 세 가지 결과는 설득을 이해하는데 중요한 분류이기도 하다.

■ 태도/행동 생성

커뮤니케이션 수신자가 전달된 대상이나 내용에 대하여 제한된 지식을 가지고 있거나 모를 경우에는 그 대상이나 내용에 대해 수신자에게는 명확하게 확립된 반응이 없다. 이 경우에는 정보가 전달된 대상이나 내용에 대해서 수신자는 새로운 태도나 행동을 생성하게 된다.

그 대표적인 예로는 사회구성원이 그 사회의 문화를 배워나가는 사회화 과정(socialization process)을 들 수 있다. 사회화 과정은 개인이 사회적 상호작용을 통하여 사회의 문화를 학습(learning)함으로써 사회적 존재로 변화되는 과정이다. 어린이가 정규적인 교육 및 생활을 통해 사회화 되는 과정으로 이해할 수 있다. 어린이는 학습을 통해서 새로운 대상에 대한 태도를 확립한다. 결국 설득은 사회화 과정인 학습의 한 종류로도 이해할 수 있다.

커뮤니케이션 대상에 대해 이미 확립된 태도가 없는 경우에 사람은 이미 갖고 있는 기본적인 태도로 주어진 새로운 자극이나 정보를 해석하기도 한다. 새로운 대상을 접했을 때, 우리는 그 대상과 가장 유사한 우리가 알고 있는 대상에 대한 태도를 활용한다. 이 때 활용되는 것이 범주화인데 새로운 대상을 내가 이미 알고있는 범주로 포함시켜서 빠르게 태도를 형성해간다.

태도나 행동의 생성은 뒤에서 설명될 태도나 행동의 변화보다는 매우 쉽다. 그 이유는 이미 확립된 태도나 행동을 변화시키려면 많은 노력을 기울여야 한다. 이미 확립된 태도/행동의 강화가 가장 쉽고, 새로운 태도/행동 생성이 그 다음으로 쉬우며, 반대되는 방향으로 이미 확립된 태도/행동을 변화하는 것이 가장 어렵다. 실제로 확립된 태도/행동을 변화하는 것은 거의 불가능에 가깝다.

태도 변화 용이성

태도/행동 강화 〉 태도/행동 생성 〉 태도/행동 변화

■ 태도/행동 강화

전달된 설득 메시지의 내용에 수용자가 동의하는 경우에는 수용자가 이미 가지고 있는 태도/행동이 더 강화된다. 이미 태도/행동의 방향성을 가지고 있는 수용자들의 태도/행동을 다른 반대되는 방향성의 메시지들로부터 면역시키는 효과도 있다.

이런 태도/행동 강화를 통해 얻을 수 있는 면역 효과는 선택적 노출

원리(the selective exposure principle)로도 설명할 수 있다. 사람은 자신의 태도와 일치되는 정보를 좋아하며, 자발적인 정보 노출 상황에서는 대다수 개인은 이미 존재하는 태도/행동과 일치되는 메시지에 더 많은 흥미를 보이고 주의를 기울인다. 이런 선택적 노출 원리는 기존 태도/행동 변화에 어려움을 주는 요소 중 하나이다.

여기서 인터넷이 사회를 통합할 수 있을 것인가 혹은 분열시킬 것인가 하는 재미있는 생각거리가 등장한다. 새로운 매체였던 인터넷의 등장으로 기존에 불가능했던 많은 정보 공유가 가능해져서 사회통합적 기능을 할 수 있을 것으로 예상했으나, 그런 효과와 함께 자신의 의견과 같은 미디어 내용/집단만을 찾는 사회분열적인 현상도 함께 관찰되고 있다. 수많은 정보 중에서 우리는 우리와 태도/행동이 유사한 정보에 더 쉽게 끌리게 된다. 최근 보수와 진보 간의 갈등은 극화된 메시지 및 집단의 등장과 함께 가짜뉴스 등의 문제들이 발생하기도 한다. 이런 가짜뉴스는 친밀한 정보 전달자 혹은 유통 경로를 통해서 그 신뢰를 획득하며, 수신자들에게 중요한 정보로 인식된다.

기존 태도/행동의 강화가 가장 쉽지만, 전달자는 자칫 태도/행동 변화에 집중하며 이미 전달자에게 호의적인 수용자들을 간과할 수 있다. 하지만 이미 긍정적인 태도를 갖고 있는 수용자의 태도를 더 강하게 만드는 것이 가장 쉬우면서 중요한 설득의 방법이다. 설득의 전형적인 의미의 변화에 집중하는 것도 중요하지만, 이미 나와 같은 의견을 가진 사람들을 설득을 통해 강화하는 기본적인 접근의 중요성을 잊으면 안된다.

마케팅에 이 내용을 적용해보면, 브랜드 충성도(brand loyalty)가 높은 고객을 관리하는 것이 가장 먼저 기업의 마케터가 집중해야할 부분이라는 것을 알 수 있다. 마케팅 진행 과정에서 발생하는 비용을 고려하면, 기존 고객을 관리하는 것과 비교해서 새로운 고객을 만드는 비용이 약 20배라는 사실은 마케팅을 진행하는 과정에 중요한 함의가 있다. 마케팅 특성상 새로운 고객에 집중되기 쉽지만, 그 과정에서는 먼저 기존 고객에 대한 마케팅이 항상 우선적으로 고려되어야 한다는 점이다.

▣ 태도/행동 변화

태도/행동 변화가 아마 가장 전통적인 설득의 개념에 알맞은 상황이다. 또한 많은 연구가 이 결과에 집중되고 있다. 설득에 대한 수용자의 반응은 태도와 행동(behavior and attitudes)으로 관찰된다. 여기서 태도는 중개자적인 변인[18]이며 설득 자극과 행동 사이를 연계하는 역할을 한다. 중개자적인 변인[19]인 태도가 중요한 이유는 수용자들의 행동을 직접적으로 측정하기가 어려운 점 때문이다. 즉, 행동을 직접적으로 관찰할 수 없기 때문에, 행동을 추측할 수 있는 태도의 중요성이 강조된다. 물론 태도와 행동 간의 직접적인 연결에 대해서는 더 많은 고민이 필요하다.

설득의 궁극적인 목적은 개인의 행동 변화에 있다. 대부분의 설득연구가 태도를 가지고 이루어지는 이유는 행동의 측정이 쉽지 않고, 또한 설득에서 행동까지의 과정이 더 길기 때문에 그 긴 과정에서 다른 요인(변인)들이 중간에 작용할 수 있기 때문이다. 태도와 행동 사이에 연관이 있다

---

18 연구 대상의 속성을 변화되는 숫자로 표현한 개체

19 변인 간 관계에 따라 변인을 독립변인과 종속변인으로 구분한다. 독립변인은 종속변인의 변화에 영향을 주며, 여기서 두 변인 사이에서 독립변인의 작용을 종속변인에 전달하는 역할을 담당하는 변인

는 가정 하에서 우리는 설득과 태도의 관계를 이용한다.

태도의 특성을 살펴보면, 태도는 먼저 좋아하거나 싫어하는 방향성을 가지고 있으며, 이 방향성과 함께 태도의 중요도와 강도를 함께 고려해야 한다. 여기서 중요도는 그 태도가 수용자에게 얼마나 중요한가 하는 측면이며, 강도는 얼마나 많이 좋아하고 싫어하는가이다. 어떤 메시지나 이슈에 관해 긍정적인 태도를 가지고 있으나, 그 메시지나 이슈가 수용자에게 중요하지 않을 수도 있으며, 비록 약한 긍정적인 태도를 가지고 있으나, 그 메시지나 이슈가 수용자에게 굉장히 중요할 수도 있다. 즉, 적극적으로 찬성하거나 반대하는 메시지가 있을 때에도 그 메시지가 그 수용자에게 얼마나 중요한가 하는 것도 설득 전략을 설계할 때 함께 고려해야 한다는 것이다.

2) 설득 커뮤니케이션 분류

설득 커뮤니케이션을 여러 가지로 분류할 수 있지만, 그 대표적인 분류를 살펴보면 아래오 같다.

▣ 마케팅 커뮤니케이션

마케팅 커뮤니케이션의 대표적인 사례는 광고이다. 광고는 제품과 서비스를 제공하는 기업과 소비자 사이의 커뮤니케이션이다. 광고는 제품과 서비스에 관한 정보를 소비자에게 전달하고 그 제품이나 서비스를 구매하도록 설득하는 것이 목적이며, 광고메시지에 광고주가 명시되어 있으며 유료로 다양한 미디어를 통해 소비자에게 전달된다. 광고의 궁극적인 목적은 소비자의 태도를 우호적으로 만들어서, 제품이나 서비스를 구매하고 사용하는 행동을 이끌어내는 것이다. 지금은 전통적인 광고 이외에 인터넷, 모바일 등 다양한 미디어를 활용한 마케팅 커뮤니케이션이 전개되고 있으며, 소비자를 직접 대면하는 행농변화에 초짐을 둔 이벤트 및 프로모션 분야도 성장하고 있다.

■ PR(Public Relations) 커뮤니케이션

PR 커뮤니케이션은 어떤 조직이 사회적 환경이 되는 공중과 원활한 관계를 유지하고자 하는 목표를 달성하기 위한 커뮤니케이션이다. 여기서 공중이란 내부 공중과 외부공중으로 나눌 수 있고, 외부 공중은 일반적 대중, 지역사회, 협력관계 기업, 미디어, 정부, 소비자, 투자자 등으로 다양하며, 내부 공중은 구성원을 주로 이야기한다. PR 커뮤니케이션은 당장 어떤 행동을 이끌어내기보다는 긍정적인 관계를 형성하는 것을 목적으로 한다.

PR 커뮤니케이션이 중요한 이유는 우선 미디어 혹은 언론 관계가 중요하며, 조직 관련 위기 상황 발생 시 PR활동을 통한 관리가 필요하며, 기업이미지 관리를 위해서이다. 또한 구성원과의 관계를 증진시키기 위해서 내부 PR 커뮤니케이션 역시 중요하다.

■ 선전 커뮤니케이션

선전(propaganda)은 어떤 대상이나 주제를 잘 이해하도록 설명하여 널리 알리는 일인데 주로 정치적, 군사적 수단으로 많이 사용되었다. 이런 이유로 중립적인 성격을 갖는 선전은 부정적인 의미의 커뮤니케이션 수단으로 인식되고 있다.

선전의 성격을 보면 주로 집단적인 상황에서 발생하기 쉬우며 때로는 여론형성 과정과 혼동되기도 한다. 다양한 커뮤니케이션 수단을 사용하여 감성적인 접근을 주로 선택하며, 선전을 통해 얻는 것은 조금은 비이성적인 대중적인 반응이다. 선전이 주로 사용되는 분야는 정치, 군사 분야이다. 최근에는 인터넷 발달로 여론을 효과적으로 창출할 수 있는 환경이 조성되었으며, 최근 사회에서 발생한 공공기관의 각종 댓글 사건과 같이 과거와는 달리 선전은 우리 생활에 더 가까이 또 은밀하게 밀착되어 있다.

▣ 설득커뮤니케이션 연구분야

설득커뮤니케이션 연구 분야는 앞에서 설명한 라스웰 공식으로 명확하게 분류하여 제시할 수 있다. 라스웰(H. D. Lasswell)은 커뮤니케이션을 '누가' '무엇을' '어떤 채널'로 '누구에게' '어떤 효과를' 불러오는 것이라 규정하고 있다. 소위 SMCRE로 설명되는 라스웰의 모델은 설득(persuasion)적 측면을 핵심으로 파악할 수 있는 접근법이다.

이 접근법을 이용하여 설득 커뮤니케이션의 연구 분야를 전달자의 특성과 설득 효과를 연구하는 분야인 커뮤니케이터론, 메시지의 특성과 설득 효과를 연구하는 분야로 메시지론, 미디어의 특성과 설득효과를 연구하는 분야인 매체론, 메시지의 목표인 수용자 특성과 설득 효과 관계를 연구하는 분야인 수용자론, 설득효과에 대한 논의를 중심으로 하는 효과론 등으로 정리할 수 있다. 물론 이런 커뮤니케이션이 발생하는 환경과 설득효과와의 관계에 대한 여러 가지 상황도 고려할 필요가 있다. 이 책의 다른 장에서는 이 분야들에 적용할 수 있는 이론과 그 이론의 실제적인 활용을 제시하고자 한다.

이론의 이해도 중요하지만, 이 이론이 실제 생활에서 어떻게 활용되고, 또 그 결과로 어떤 형태의 설득이 이루어지고 있는지에 대해서 관찰하는 것이 설득커뮤니케이션을 이해하는데 필수적이다. 이 책에서 설명된 내용을 바탕으로 우리 주변의 상황을 이해하려는 노력이 필요하다.

4장

커뮤니케이터론

1. 전달자 특성

제4장

커뮤니케이터론

1. 전달자 특성

커뮤니케이터론은 전달자의 특성(communicator's characteristics)과 설득 효과 간의 관계에 대해 연구하는 분야이다. 현대에서는 수용자의 특성을 더 강조하는 방향으로 커뮤니케이션 연구 흐름이 형성되었지만, 설득커뮤니케이션에서 커뮤니케이터 즉 전달자의 특성은 여전히 설득의 성공에 매우 중요한 요소이다.

설득커뮤니케이션 과정에서 그 효과(종속변인)에 영향을 미치는 여러 가지 독립변인들 중에서 주로 전달자 변인과 설득 효과 간의 관계를 연구하는 영역을 커뮤니케이터론이라고 정의할 수 있다.

일상생활에서 우리가 자주 사용하는 카리스마(Charisma)라는 개념을 살펴보자. 설득을 생각할 때, 우리가 전달자에 대해서 이야기할 수 있는 일상적인 개념으로 카리스마를 이해할 수 있다. 카리스마에 대한 일반적인 정의는 어떤 초자연적 힘에 의해 일반사람과 다른 권위와 영향력을 가진 것으로 여겨지는 인간의 일면이다. 정치인이나 연예인 등 일반인과는 다른 영향력을 발휘하는 사람들을 우리는 카리스마가 있다라고 말을 하고 하는데, 즉 우리가 일상생활에서 카리스마를 가졌다고 생각되는 사람은 설명할 수 없는 힘으로 다른 사람에게 영향을 주는 특성을 가졌다고 이해할 수 있다. 역사 속에서 대표적인 카리스마를 가진 전달자를 생각해 보면, 대표적인 인권운동가인 마틴 루터 킹(Martin Luther King), 독일의 독재자인 아돌프 히틀러(Adolf Hitler) 등을 생각할 수 있다.

이 카리스마를 과학적인 관점으로 해석하면, 전달자의 외적 혹은 내적 특성, 전달자의 메시지 전달 방식, 효과적인 미디어 활용 형태 등 여러 요인이 복합적으로 작용하는 과정에서 생기는 전달자의 설득 효과로 이해할 수 있다. 즉, 외모, 인품, 자세, 말하는 방법, 지위, 옷, 장신구 등의 일반적인 특성이 카리스마를 형성할 수 있다. 종교 행사에서 정해진 의상을 입고 각종 도구나 현실에서 보기 어려운 여러 가지 예식을 진행하는 것도 같은 맥락에서 이해할 수 있다. 일상생활에서의 고가의 명품이나 옷 등도 카리스마를 어느 정도 만들어낸다고 추측할 수 있다.

그렇다면 어떠한 특성이 설득에 유리한 효과적인 전달자를 만들어내는가, 아리스토텔레스는 설득에 유리한 중요한 전달자 특성(ethos)으로 높은 지능(good sense and intelligence), 선의(goodwill), 도덕적 성격(good moral character)을 제시하고 있다. 여기서 그는 만들어진 특성보다는 전달자 자체의 본질적인 측면을 강조한다.

군주론을 주장한 마키아벨리(Niccolo Machiavelli)는 좋은 전달자의 특성을 권위 (authority), 명성(prestige)으로 제시하고 있으며, 나치정권의 공보상 괴벨스는 전달자의 신뢰도가 가장 중요한 전달자의 요인이라고 강조하면서 여기서 신뢰도는 수용자들이 느끼는 주관적인 신뢰도라고 말하고 있다. 즉, 만들어진 신뢰도만으로도 전달자는 충분히 설득효과를 만들어낼 수 있다는 것이다.

〈표 4〉 연구에서 정의된 전달자 특성

전달자 특성	연구에서 정의된 전달자 특성
명성이나 권위 공신력 카리스마 매력성 권력 유사성 친근감 애호성 의견 지도력(opinion leadership)	공신력 (credibility) 전문성 (expertise) 신뢰도 (trustworthiness) 애호성 (likability) 유사성 (similarity) 매력성 (attractiveness)

설득커뮤니케이션 과정에서 그 효과에 영향을 미치는 전달자 특성은 모두 수용자들에 의해 인식된 혹은 지각된 특성의 정도를 의미한다. 즉, 실제 특성이 아닌 수용자가 평가하는 전달자 특성을 의미한다. 예를 들면, 광고에 등장하는 의사 가운을 입은 연기자도 진짜 의사를 등장시키는 광고와 같은 효과를 누릴 수 있다.

물론 효과적인 전달자를 정의내릴 수 있는 한 가지 특성을 찾기는 어렵다. 효과적이지만, 가지고 있는 특성이 충분히 다른 전달자들이 존재하는 것도 사실이다.

1) 공신력(Credibility)

공신력은 중요한 설득의 요소 중 하나이다. 공신력은 일반적으로 전문성(expertise)과 신뢰성(trustworthiness)의 두 가지 개념으로 구성된다. 결국 공신력이라는 개념은 여러 가지 요소들이 다차원적으로 결합된 것이며, 그 요소로 전문성과 신뢰성을 제시할 수 있다는 것이다. 일반적으로 공신력이 증가하면 설득 가능성도 증가할 것으로 기대할 수 있다. 공신력은 전달자가 노력을 통해서 얻어낼 수 있는 요소 중 하나이다.

▣ 전문성

전문성이 가진 특성을 형용사로 표현하면, 전문성은 경험 있는, 관련 지식을 가진, 특정 분야에서 훈련받은, 자격 있는, 기술적으로 능숙한 등으로 표현할 수 있다. 결국 전문성은 어떤 주제에 대해 그것이 옳은지 그른지 바르게 판단할 수 있는 전달자의 능력을 의미한다. 결국 설득 과정에서 전문성이란 전달자가 현재 전해주는 메시지에 대하여 올바른 해답을 제시하거나 정확한 판단을 내릴 수 있다고 수용자들이 실제로 지각하고 있는 정도로 평가할 수 있다.

학습이론(Learning Thoery)[20]에 의하면, 보상이나 처벌과 관련된 과거 경험

20 학습이론은 학습이 이루어지는 이유를 설명하는 이론이며 특정 행동이 왜 지속되거나 중단되는지를 설명해 주는 이론이다. 고전적 조건형성 이론, 조작적 조건형성 이론, 인지적 학습이론의 3가지 유형으로 학습이론을 분류할 수 있다.(지식백과사전)

으로 인해 전문성을 설득 과정에 영향을 미치는 주요한 요인으로 고려할 수 있다. 과거에 전문가의 충고를 들어서 이익을 얻은 적이 있거나 손해를 줄인 일이 있을 때의 경험이 학습되는 것이며, 이렇게 학습된 전문성 효과는 꼭 과거 경험과 일치하는 분야일 필요가 없다. 즉, 어떤 분야라도 전문가로부터 긍정적인 결과를 보았다면 전문성에 대한 의존이 생기는 것으로 이해할 수 있다. 우리 주위에는 이렇게 다른 사람의 의견에 더 많이 의존하는 사람들을 찾을 수 있는데, 대다수의 경우, 이미 그런 전문가의 의견에 의해서 도움을 얻었을 가능성이 크다.

▣ 신뢰성(trustworthiness)

신뢰성이 가진 특성을 형용사로 표현한다면, 신뢰성은 정직한, 믿을만한, 정의로운, 공정한 등의 형용사로 표현할 수 있다. 전달자가 메시지의 진실을 있는 그대로 전하려는 성질로 신뢰성이 있음을 평가할 수 있다. 신뢰성은 결국 앞에서 제시한 선의 혹은 도덕성 등과 연결해서 이해할 수 있다.

결국 신뢰성이란 전달자가 전하는 주제에 대해 그 어떤 편견도 없이 순수한 동기에서 자신의 입장, 생각, 의견 등을 솔직하게 제시하고 있다고 수용자들이 실제로 지각하고 있는 정도를 의미한다. 전달자의 커뮤니케이션 동기의 순수성 또는 객관성으로 신뢰성을 설명할 수 있다.

신뢰성을 해치는 요소로는 전달자의 편향성이 있다. 여기서 편향성 중에서 지식편향성(knowledge bias)은 전문성의 결여를 의미하며, 전달자가 전하는 주제에 대해 충분한 지식을 가지고 있지 못하다는 인식이다. 또한 보고편향성(reporting bias)은 신뢰성의 결여로 자신이 속하거나 자신을 고용한 집단이나 개인을 위해 특정한 의도를 가지고 설득메시지를 전하는 전달자의 특성이다. 이 과정에서 설득을 위한 메시지에는 공정성이 없으며, 전달 과정에서 정보를 왜곡하거나 빼기도 한다고 수용자들은 인식한다.

진실을 알고 있으나 수용자들을 속이는 전달자가 전하는 메시지는 진실하나 그에 대한 지식이 부족한 전달자가 전하는 메시지보다 신뢰성이 떨어질 수도 있고 이런 편향성을 가진 전달자는 수용자의 태도나 신념을 변화시키기는 어렵다. 결국 신뢰성 문제는 전달자의 커뮤니케이션 효과를 높이기 위해서 고려해야 할 중요한 요소이다.

▣ 신뢰성과 관련된 기업 활동

기업의 사회적 책임(Corporate Social Responsibility; CSR)은 기업 활동에 영향을 받거나 영향을 주는 직접적 혹은 간접적 이해관계자들에 대해 발생 가능한 상황에 대한 기업의 법적, 경제적, 사회적, 윤리적 책임을 포괄적으로 일컫는 말이다. CSR 활동은 기업의 위험을 줄이고 기회를 포착하여 중장기적 기업가치를 제고할 수 있도록 추진하는 일련의 이해관계자 기반의 경영 활동으로 이해할 수 있다.

코틀러(Philip Kotler) 등이 주창한 사회지향적 마케팅의 개념은 소비자의 욕구뿐만 아니라 사회의 장기적 이익도 함께 고려하는 마케팅 패러다임을 의미, 이와 관련돼서 기업의 제품이나 서비스와 직접적 관련 없이 수행되는 다양한 사회 공헌활동을 사회지향적 마케팅의 실천 사례로 볼 수 있다.

대의명분마케팅(Cause Marketing)은 기업의 마케팅 활동을 사회가 관심을 갖는 특정 공익활동에 직접적으로 연결시키는 전략으로, 상품 판매액 일부를 결식아동 돕기에 활용하거나 제품을 구매할 때마다 일정액의 기부가 이루어지는 활동을 그 예로 들 수 있다. 사회지향적 마케팅이 활동 방향성을 제시하는 마케팅 패러다임에 가깝다면 대의명분 마케팅은 구체적인 활동을 포함한다.

■ 공신력 영향 요인

전달자의 공신력에 영향을 미치는 요소 중 첫 번째는 전달자의 사회적 지위 및 사회적 생활과 밀접하게 연관된 교육 정도, 직업 종류, 관련 경험 등이다. 대표적인 예로 박사, 의사, 변호사, 여행가 등의 직업은 관련 분야에서 대표적으로 공신력을 갖는 직업이다.

전달자의 언어적 비유창성은 공신력을 떨어뜨리는 요인 중 하나이다. 필요 없는 말의 사용 혹은 반복적인 말 사용 등과 같은 말하는 과정에서 시간 맞추기와 흐름의 깨어짐을 전달자의 비유창성이라고 한다. 예를 들면, 말하는 중에 반복적으로 사용되는 단어나 말을 더듬는 습관 등을 대표적인 비유창성의 예로 생각할 수 있다. 이런 비유창성은 공신력뿐만 아니라 내용의 전달에도 문제를 일으킬 수 있다.

말하는 속도(speaking rate)도 공신력과 연관이 있다. 바람직한 말하는 속도는 말을 비정상적으로 너무 빠르게 하거나 느리게 하는 것을 의미하지는 않는다. 일정한 범위에서 말하는 속도가 가장 효과적이며, 너무 빠르거나 너무 느리면 설득 효과가 떨어지는 것을 관찰할 수 있다. 수용자 특성을 충분히 반영하여 수용자가 가장 효과적으로 이해할 수 있는 범위 내에서 말하는 속도를 결정해야 하며, 어느 정도 말하는 속도가 빠르면 전달자가 자신감이 있어 보여 공신력이 증가된다. 또한 일반적으로 말하는 속도를 말하는 내용이나 상황에 맞추어서 적절하게 조절하는 전략도 효과적이라고 평가받고 있다.

설득 과정에서 인용된 증거도 공신력에 영향을 미친다. 설득메시지에서 말하는 내용에 대한 증거를 어떻게 제시하는 지도 중요한 요인이다. 공신력 있는 기관이나 인물을 활용하거나, 실제 증거를 가지고 오거나, 말을 뒷받침할 수 있는 자료를 이용하는 일을 통해 설득 과정에서 공신력을 높일 수 있다. 결국 해당 메시지에 대해 풍부한 지식을 가진 전달자가 지지하는 입장으로부터 객관적일 수 있을 때, 수용자로부터 전달자의 공신력을 인정받을 수 있다.

언어기대이론(Language Expectancy Theory)[21]에 의하면, 수용자가 전달자로부터 기대하는 입장을 전달자가 취하지 않을 경우, 일반적인 기대 상황이 깨지면서 더 많은 주목을 받게 된다. 예를 들어, 당연히 정부의 정책을 지지하리라 믿던 정부관계자가 정부 정책에 대해 비판하는 상황이라면 규범이 깨진 상황으로 수용자로부터 더 많은 주의를 끌 수 있다. 물론 언어기대이론과 일치하지 않는 경우의 효과는 설득의 다양한 측면을 고려해야 정확하게 예측할 수 있다.

광고에 언어기대이론을 적용하면, 제품과 서비스를 무조건적으로 자랑하는 측면과 더불어 소비자가 기대하지 못했던 부족한 측면을 제시하는 것도 효과적인 광고 전략의 하나가 될 수 있다. 광고메시지가 제시하리

---

21 언어기대이론은 설득 이론의 하나로 언어가 규범에 기반을 둔 체계를 가지고 있으며, 그 체계는 결국 인간이 주어진 상황에서 기대하는 표준을 가지고 있다는 것을 전제하고 있다. 더 나아가 기대하지 못했던 언어의 사용은 메시지에 대한 태도 변화로 수용자의 행동에 변화가 생길 수도 있다라고 제시한다.

라고 기대할 수 없었기 때문에 메시지에 더 많은 주목을 하고 설득 효과를 기대할 수 있다. 미국의 렌터카 업체 에이비스(AVIS)의 No. 2 마케팅[22]이 그 대표적인 예라고 할 수 있다. 즉 이 광고에서는 기대할 수 없었던 2등이라는 메시지를 아름답게 표현해서 광고효과를 거두었다. 국내에서는 오뚜기 진라면 등이 2등 마케팅 커뮤니케이션 전략을 구사하였다.

전문가로서 수용자가 기대하는 입장이 없는 전달자가 가장 믿을만한 전문가로 인식된다고 할 수 있고, 객관적이고 공정할거라고 생각되어지는 전달자가 가장 효과적이다. 때로는 수용자가 기대하는 수준을 넘어서는 메시지를 통해서 수용자의 주의를 확보하는 것도 주요한 커뮤니케이션 전략의 하나가 될 수 있다.

공신력에 영향을 준다고 믿어지는 전달자의 다른 요인에는 선의, 외향성, 침착성, 사회성, 고취성 등이 있다. 선의는 전달자의 수용자에 대한 배려인데 친구 혹은 가족과의 대화 상황으로 이해할 수 있다. 친구나 가족은 수용자에게 좋은 뜻을 가지고 있기 때문에 선의를 품고 있다고 이해할 수 있다. 전달자가 선의를 가지고 있다고 생각한다면, 수용자는 전달자의 설득을 신뢰할 수 있게 된다.

외향성은 전달자가 얼마나 활기차고 열정적인가 하는 점이며, 외향성은 어느 정도 수용자를 활기 있게 만든다는 점에서 효과적이다. 종교 집회에서 신나는 음악이 활용되거나, 사람들이 크게 소리치는 상황 등이

---

22 'We try harder'라는 슬로건을 내걸고, '우리는 2등이다. 그래서 더 노력을하겠다'는 형식의 캠페인을 전개했다. 그 결과로 단기간에 믿을 수 있는 기업이라는 이미지를 얻으면서 성공적인 캠페인이라는 평가를 받았다.

이 외향성을 활용한 좋은 예이다. 때로는 전달자의 외향성이 자신감으로 해석되기도 해서 신뢰성을 확보할 수 있기도 하다. 침착성은 이와 반대로 전달자가 얼마나 차분한가를 의미한다. 좋은 전달자가 되기 위해서는 자신의 특성을 파악해서 외향성과 침착성 중 방향성을 설정하는 것이 필요하며, 전하려는 메시지의 특성상 외향성이나 침착성을 선택할 필요도 있다. 즉, 커뮤니케이션 주제에 따라서 때로는 외향성을 강조해야 하고 때로는 침착성을 강조해야 하는 상황을 결정할 수 있다.

사회성은 사람들에게 친근한 인상을 주는 전달자 성격을 설명하고, 마지막으로 고취성은 전달자가 얼마나 수용자에게서 열렬한 반응을 이끌어낼 수 있는가이다. 홈쇼핑의 이웃 같은 쇼호스트나 종교집회에서의 참석자들의 열렬한 참여의 유도가 이런 상황의 구체적인 예가 될 수 있다.

다른 전달자의 특성이 공신력을 구성하는 전문성과 신뢰성을 통해서 공신력 증가에 영향을 미치기도 한다. 먼저 애호성(liking)은 수용자가 전달자에게 얼마나 호감을 느끼는가를 말한다. 일반적으로 사람은 좋아하는 사람을 신뢰하게 된다. 유머(Humor)의 적절한 사용은 이런 애호성을 통해서 공신력에 영향을 미친다. 분위기를 부드럽게 할 수 있는 유머, 인간관계를 풀어주는 유머가 여기에 해당하며, 과도하거나 부적절한 유머는 전달자 평가에 부정적인 결과를 초래한다. 결국 커뮤니케이션 상황에 맞는 적절한 유머를 구사할 필요가 있다. 또한 우리가 미디어를 통해서 호감을 가지고 있는 유명인도 공신력을 가진 전달자로 활용할 수 있다. 비록 개인적인 관계는 없지만, 반복적인 노출에 의해서 유명인에 대한 이미지 혹은 태도를 형성하게 되면, 그 이미지나 태도에 의해서 전달자에 대한 평가가 이루어진다.

■ 공신력 효과

공신력은 전문성과 신뢰성이 결합된 개념으로 두 개념을 결합하여 주로 연구되며 높고 낮은 공신력이란 수용자가 평가하고 인식하는 상대적인 개념으로 여러 전달자들을 비교하여 결정된다. 때로는 수용자의 특정한 개인적인 경험이 전달자 공신력 평가에 영향을 줄 수도 있다.

이런 공신력 효과에 영향을 미치는 요인으로 주제에 대한 관여도가 있는데, 관여도는 개인적인 관심 혹은 연관 정도에 따라 결정된다. 수용자에게 중요하고 깊게 연관된 주제의 경우, 공신력이 중요해지고 전문가 의견에 더 의존하게 된다. 또한 관여도가 높은 주제에 대해서는 수용자가 논리적인 사고를 통해 메시지의 주장이나 증거에 대한 능동적이고 깊은 분석을 하게 된다. 이런 상황에서는 전문가의 공신력을 확보하기 위해 전달자를 커뮤니케이션 전에 소개해야 더 큰 효과가 있다.

때로는 낮은 공신력의 전달자가 더 효과적일 것으로 믿어지는 상황이 있는데, 그 상황은 수용자가 자신의 의견과 일치하는 메시지를 접할 때이다. 수용자의 의견과 일치되는 메시지를 전달받는 경우, 높은 공신력의 전달자가 있다면 수용자가 커뮤니케이션에 수동적이 되고 전달자에게 의존하게 된다. 즉, 이미 동의하고 있는 내용이므로 수동적으로 의견을 받아들이게 된다는 것이다. 반대로 같은 상황에서 낮은 공신력의 전달자가 동의하는 메시지를 전할 경우에는 수용자는 자신이 더 많은 능동적이고 적극적인 사고를 하게 되고, 이 결과로 더 강한 설득 효과를 이끌어 낼 수 있다.

물론 수용자 의견과 반대되는 메시지를 접할 때는 그들의 태도를 변화할 필요가 있기 때문에 높은 공신력의 전달자가 더 효과적이다. 이미 가지고 있는 태도/행동을 변화하기 위해서는 전달자 선택이 중요하며, 메시지 구성 또한 중요하다.

▣ 공신력의 수면자 효과

커뮤니케이션 효과가 발생한 후에 시간이 흐르면서 그 효과에 변화가 관찰되기도 한다. 강연에 참석해서 강의가 끝난 후 일정 시간이 흐르면서 강사가 누구였는가는 잊혀지고, 전달받은 메시지 내용만을 기억하는 상황이 그 예라고 할 수 있다.

이런 현상의 하나로 시간이 지나면서 공신력의 효과가 사라지는 현상이 관찰되기도 한다. 이 현상을 수면자 효과(sleeper effect)로 설명하기도 한다. 공신력에 대한 커뮤니케이션 효과 변화를 절대적 수면자 효과와 상대적 수면자 효과로 설명할 수 있다.

절대적 수면자 효과는 공신력이 높은 경우는 메시지 효과가 감소하고, 공신력이 낮은 경우 오히려 시간이 지나면서 메시지 효과가 증가하는 현상을 설명하고 있다. 절대적 수면자 효과에서는 공신력이 높은 전달자의 효과는 시간이 지남에 따라서 점점 감소하게 되고, 오히려 부적절한 혹은 효과가 작은 전달자가 가진 부정적인 효과는 시간이 지나면서 점차 사라지고, 메시지 효과가 온전히 그 효과를 발휘하게 된다는 것이다. 비교적 단순한 상대적 수면자 효과는 공신력이 높고 낮은 두 상황 모두에서 메시지 효과가 감소하지만, 공신력이 낮은 상황에서 그 감소폭이 작다고 설명한다.

2) 애호성 (liking)

일반적으로 수용자의 호감을 이끌어낼 수 있는 전달자가 보다 효과적인 설득자이다. 애호성은 공신력보다는 그 효과가 약한 요인이며, 특히 관여도가 높은 중요한 상황에서는 그 차이가 커진다. 애호성은 신뢰성을 통해 공신력에 영향을 미치는 결과가 일부 관찰된다. 즉, 전달자가 가진 애호성은 직접적으로 설득 효과를 높이기도 하지만, 신뢰성을 매개로 공신력을 높여서 설득 효과를 높이기도 한다.

흥미롭게도 때로는 호감을 이끌어내지 못하는 전달자가 태도변화에 더 효과적일 경우도 있다. 인지부조화 이론(Dissonance Theory)에 의하면 인지부조화 상황이 발생했을 때, 수용자는 그 상황을 해결하기 위한 방법을 찾는다. 즉, 호감을 이끌어내는 그리고 호감을 이끌어내지 못하는 전달자에게 설득을 당한 피설득자들은 자신의 설득을 설명할 이유를 찾아보게 된다. 호감을 이끌어내는 전달자는 설득에 대한 충분한 이유가 될 수 있다. 즉, 주제나 대상에 대해 원래 가지고 있던 태도를 바꿀 필요가 적다. 그러나 호감을 이끌어내지 못한 전달자의 경우에는 주제나 대상에 대한 기존 태도를 바꾸어야만 자신의 설득되어 나타난 행동과 인식에 대한 부조화를 고칠 수 있다. 물론 이 상황이 항상 관찰되는 것은 아니다.

▣ 커뮤니케이터 기타 특성

커뮤니케이션 효과에 영향을 미치는 주된 전달자 특성은 공신력(전문성과 신뢰성)과 애호성이다. 이 공신력과 애호성과 연관된 기타 특성들도 제시할 수 있는데 대표적인 특성으로는 유사성과 매력성이 있다.

유사성(similarity)은 수용자가 전달자에게서 자신과 비슷한 측면을 얼마나 발견할 수 있는가의 여부로 결정되는데, 태도의 유사성(psychological similarity)과 능력, 직업, 환경의 유사성(demographic similarity) 등으로 분류할 수 있다. 일반적으로 인간은 자기와 같은 태도를 가진 사람들을 좋아하며, 환경 유사성은 신뢰성을 통해서 공신력에 영향을 미치는 것으로 본다.

다양한 종류의 유사성(태도, 능력, 직업, 환경)이 관찰되므로 유사성의 효과를 일반화해서 설명하기에는 어려움이 있으며, 개별 유사성에 대한 통찰이 필요하다. 예를 들어, 강아지를 좋아하는 태도의 유사성은 상대에 대한 애호성에 영향을 미치지만, 직업의 유사성은 공신력에 영향을 미친다고 할 수 있다. 때로는 아주 미미한 옷의 색 같은 메시지와 관련 없는 유사성의 효과도 관찰되기도 한다.

유사성이 없는 전달자가 더 효과적인 상황도 있다. 전문적인 분야에서는 수용자와의 직업적 유사성은 수용자가 전달자와 동일한 수준의 지식을 가지고 있으리라고 생각하기 때문에 전달자의 전문성이 낮게 느껴질 수 있다. 이런 경우에는 오히려 직업적으로 유사하지 않은 해당 분야의 전문가인 전달자가 더 효과적일 것이다. 의료, 법률 등 전문성이 요구되는 분야의 설득 상황에서는 결국 직업적 비유사성이 전문성을 통해 공신력의 효과로 설득 효과가 커진다.

태도의 유사성은 애호성에 영향을 미치며 이 애호성이 신뢰성에 영향을 미쳐서 공신력을 만들어낸다. 애호성은 전문성과는 연관이 없으며 주로 신뢰성에 영향을 주는 것으로 믿어진다.

매력성(attractiveness)은 신체적인 매력성(physical attractiveness)과 정신적인 매력성(psychological attractiveness, charisma)으로 구분할 수 있다. 일반적으로 매력

성이 높은 전달자가 효과적인 설득자이며, 매력성은 애호성에 영향을 미쳐서 신뢰성, 공신력으로 그 효과가 이어지는 것으로 보인다. 매력은 전문성에는 영향을 미치지 못하나, 신뢰성에는 영향을 주는 것으로 이해된다.

〈그림 8〉 전달자 속성 간의 관계

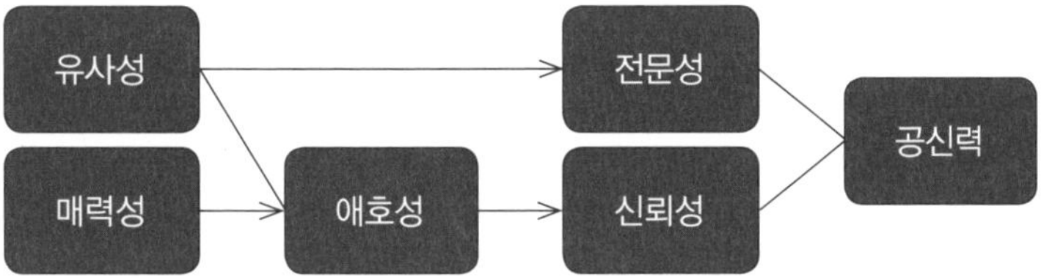

애호성에서도 관찰되었듯이 개인적인 연관이 높은 주제에서 매력성 효과는 줄어들거나 사라진다. 이런 상황에서는 설득의 정당성을 증명할 수 있는 이성적인 논증에 더 많은 영향을 받으며, 수용자는 메시지 내용에 집중해서 깊은 생각을 하게 된다.

유사성과 매력성에서 관찰되었듯이 설득 효과에 영향을 주는 요인들은 주로 애호성, 신뢰성, 전문성을 매개요인 혹은 중개요인으로 설득효과에 영향을 미치는 것으로 나타난다.

5장

메시지론

1. 메시지

2. 메시지 소구방법

제5장

메시지론

1. 메시지

설득커뮤니케이션에 직접적으로 적용이 용이한 기본 공식인 라스웰 공식(SMCRE)에서 누가(who) 무엇을(says what) 어떤 채널을 통해(in which channel) 누구에게 말하여(to whom) 어떤 효과를 가져왔는가(with what effect)에서 '무엇을'에 해당하는 분야가 메시지론이다. 메시지론이란 결국 메시지와 그와 관련된 요인과 설득 효과와의 관계를 연구하는 분야이다. 결국 메시지는 수용자의 특성과 작용하여 그 효과를 나타내며, 다른 메시지 요소들이 수용자들에게 다른 효과를 내는 것을 관찰할 수 있다. 메시지론은 주로 어떤 요소들이 효과적이며 왜 그런지 그 이유에 대한 관심을 탐구하고 있는 것으로 이해할 수 있다.

1) 메시지

메시지란 커뮤니케이터가 수용자와 어떠한 사상에 대한 정보, 경험, 감정, 의견, 의미 등을 공유하거나, 그 사상과 관련된 수용자들의 태도, 의견, 행동 등을 변용시키기 위하여 커뮤니케이터가 수용자에게 보내는 커뮤니케이션 자극이다.

메시지는 주어진 그 내용에 관한 단순한 정보, 지식, 사상, 감정, 경험, 판단, 주장, 의견 등이 아니라 이러한 내용들을 커뮤니케이터가 언어나 그림 등의 기호로 효과적으로 구성한 것을 나타낸 것이다. 메시지는 결국 무엇을 어떻게 이야기했는가로 이해할 수 있다.

2) 메시시 구성요소

메시지의 구성요소는 담겨 있는 의미를 표현하는 내용, 그 내용을 구체화된 표현으로 만들어주는 기호, 기호의 조직이나 체계를 활용한 전달 방법이다.

■ 메시지 내용

메시지 내용은 사실적 주장, 가치적 주장, 정책정 주장 등으로 분류할 수 있다. 사실적 주장은 '~은 ~이다' 혹은 '~은 ~아니다'와 같은 사실을 기술하는 내용으로 볼 수 있다. 가치적 주장은 전달자의 가치를 담는 것으로 '~이 좋다' 혹은 '~이 나쁘다'로 표현할 수 있다. 마지막으로 정책적 주장은 '~ 해야 한다'는 내용을 담고 있다.

결국 설득커뮤니케이션은 이 사실적 주장, 가치적 주장, 정책적 주장을 효과적으로 배합하여 메시지를 전달하는 과정이라고 할 수 있다. 마지막으로 메시지 내용을 구성하는 주장들을 뒷받침하기 위한 각종 자료들을 포함해야 한다.

■ 메시지 기호

메시지 기호는 어떤 실제 사물, 사상 또는 상황 등을 지시 또는 대변하는 그것의 의미를 수용자들에게 효과적으로 전달할 수 있는 커뮤니케이션 자극이다. 기호는 포괄적인 개념을 가지고 있으며 언어, 그림, 악보, 몸짓 등 가능한 모든 것을 포함한다. 기호의 특성 중 가장 중요한 것은 가장 효과적으로 메시지에 담긴 내용을 표현할 수 있고, 전달자와 수용자 간에 정확히 해독될 수 있는 기호를 찾는 것이다.

기호는 도상(icons), 지표(indexs), 상징(symbols)으로 분류할 수 있다. 도상은 사진, 초상화 같이 대상물과 동일하거나 아주 유사해서 이해가 쉬운 기호이다. 예를 들면, 윈도우 프로그램의 휴지통이나, 공항 등의 화장실 표시가 있다. 도상은 누구나 쉽게 이해할 수 있도록 표현해야 한다. 지표는 풍향계나 유류계의 바늘처럼 구체적으로 양을 표시하는 기호이다. 직관적이며 그 내용이 이해될 가능성이 크다. 마지막으로 상징은 사회의 관습적 문화적 합의에 의한 기호이다. 상징은 어떤 것을 가리키는 다른 어떤 것 혹은 어떤 것으로 어떤 것을 대신하는 것으로 이해할 수 있다. 통통한 몸체에 두꺼운 피부, 짧은 다리를 가진 잡식성 동물을 우리는 '돼지'로 상징한다. 상징은 그것이 나타내는 대상과 직접적으로 연관이 없으며 사회적 동의에 의한 관습적인 것으로 이해할 수 있다.

기호가 품는 의미를 외연적 의미와 내포적 의미로 분류할 수 있는데, 외연적 의미는 기호로부터 파생하는 직접적이고 명시적 사전적 의미이고, 내포적 의미는 대상이나 기호에 대해 개인이 주관적으로 느끼는 의미이다. 외연적 의미는 문화적 합의로 형성되는 것이 일반적이며, 내포적 의미는 개인 경험이나 생각에 따라 결정된다. 즉, 낙엽을 보고 가을을 느끼는 것이 외연적 의미라면, 낙엽을 보고 인생의 쓸쓸함을 느끼는 것은 내포적 의미이다. 내포적 의미가 외연적 의미보다 더 다양하고 깊은 감성을 포함하고 있다.

내포적 의미는 문화적 교류를 통해서 외연적 의미로 전환되기도 하는데, 같이 공유할 수 있는 공감을 통해 이루어진다. 마케팅 과정에서는 대상 혹은 기호가 자진 내포적 의미를 파악하여 그 의미를 외연화할 필요가 있다. 예를 들어, 맥주가 가신 의미는 즐거움, 함께함 등으로 외연화되었다고 이해할 수 있다.

이성적인 설득에서는 정확한 이해에 초점을 맞추어 간결하고 명확하게 정리된 기호를 활용하는 것이 효과적이며, 감성적인 설득에서는 기호 하나하나가 품는 함의를 활용해서 개별 기호보다는 전체 기호의 조합이 과연 어떤 감성을 전달하는가에 초점을 맞추어서 표현해야 한다.

▣ 메시지 처리

메시지 처리는 메시지의 고안 과정에서 그 내용을 결정하고, 내용을 가장 잘 표현할 수 있는 기호들을 선택한 후에, 기호들을 효과적으로 조직, 배열하는 동시에 여러 가지 소구방법(appeal)을 사용해서 그 메시지 효과를 극대화하는 과정을 말한다.

소구방법 중에 명명화(labelling) 방법이 있는데 이것은 우리가 사용하는 언어가 어느 정도 우리가 세계를 이해하는 방식을 결정지을 수 있다는 것이고, 우리가 이름 붙이는 대상들은 어느 정도 그 이름에 의해 영향을 받을 수밖에 없다. 대표적인 예로는 사람에게 붙는 별명이나 빨갱이 등 극단적인 의미를 포함한 이름이 있다. 반대로 완곡어법은 사회적으로 저항을 일으킬 수 있거나 감정을 상하게 할 수 있는 말의 부드럽고 간접적인 언어적 표현이다. 예를 들면, 죽음을 표현하는 '하늘나라로 가셨어'같은 표현과 해고를 부드럽게 '구조조정'으로 바꾸어 표현하는 것이다.

메시지 처리의 대표적인 예로는 신문 기사 작성법을 들 수 있다. 전통적인 신문기사 작성법은 역피라미드형 구성이다. 신문 관련 글을 쓸 때는 기본적으로 두괄식인 역피라미드형 구성을 하는데, 첫 문장에 기사의 핵심이 나오고 멀어질수록 부가적인 그리 중요하지 않은 정보를 담는 것이다. 하드뉴스라고 불리는 정보 전달을 중심으로 메시지를 작성할 때 주로 사용되는 방법이다. 하지만 최근에는 소프트뉴스가 늘어나면서 스토리텔링 형태로 도입-전개-절정-결말 형태로 수용자의 흥미를 이끌어내기 위한 접근도 늘어나고 있다.

광고 관련 문안을 작성할 때 참고하는 AIDA 모형(attention, interest, desire, action)은 각 단계별로 핵심 목표가 무엇인가를 제시한다. 주의를 끌고, 흥미를 만들어 내고, 소비자 욕구를 끌어내고 행동으로 연결하는 각 단계별로 적합한 설득의 접근법을 고민할 수 있다.

3) 메시지 표현

■ 독역성(readability)와 청이성(listenability)

메시지 표현에 있어서 가장 기본이 되는 것은 수용자의 이해도 증진을 위한 독역성과 청역성이다. 독역성은 글자 크기, 단어, 문장 길이 같은 메시지 특성을 활용한 수용자가 메시지를 읽기 쉬운 정도이며, 청이성은 적당한 빠르기와 적절한 톤, 음의 크기 등 수용자가 메시지를 듣기 쉬운 정도이다. 설득을 위한 가장 기본적인 메시지 표현은 수용자가 이해할 수 있도록 하는 것이다. 그런 점에서 독역성과 청이성은 메시지 작성에 있어서 가장 기본이 되는 특성이다.

독역성이나 청이성을 확보하기 어려운 경우에는 메시지의 반복적 제시로 문제를 완화할 수 있다. 이런 반복적 제시를 통해서 메시지에 대한 단순노출 효과(mere exposure effect)를 얻을 수도 있다. 단순노출 효과는 친숙성 원리라고도 불리는데 수용자가 설득 대상에 단순히 노출되는 것만으로도 그 대상에 대해 긍정적 태도가 형성될 수 있다는 이론이다.

특히 반복적 제시가 많은 광고에서는 적정한 노출 빈도를 결정해야 한다. 반복과 설득효과는 일반적으로 역U자형 관계를 가지고 있다. 즉 반복이 지속되면 설득 효과가 커지지만 어느 수준을 지나면 메시지에 대한 싫증이 생기면서 메시지의 설득 효과가 감소하게 된다. 이 수준을 적정의 노출수준(optimum level of exposure)이다. 광고에서는 이런 싫증의 효과를 피하기 위해서 광고캠페인을 전개하면서 같은 콘셉트를 가진 여러 광고를 집행하기도 한다. 광고 싫증이 가장 많이 관찰되는 유형은 유머를 활용하는 광고라고 믿어진다.

■ 감각적인 언어 표현

언어의 감각적인 표현 또한 효과적인 설득커뮤니케이션 수단이다. 언어 표현의 시각화, 청각화 등 감각적인 언어 표현을 통해 더 생생한 표현으로 커뮤니케이션이 가능하다.

생생함의 설득

유리잔이 깨졌다 VS 유리잔이 산산이 부서져 빛살을 머금고 허공으로 흩어졌다.

■ 강한 언어 사용

강화 이론에 따르면, 수용자가 지지하는 메시지를 강하게 주장하면 그에 동의하는 정도도 강해지지만, 수용자가 반대하는 메시지를 강하게 주장하면 그 메시지에 대한 반발도 강하게 일어난다.

언어기대 이론은 전달자 특성에 따라서 수용자가 기대하고 있는 언어 표현이 있으며, 그 표준화된 범위에서 너무 벗어나지 않는 것이 일반적으로 효과적이라고 제시하고 있다.

신뢰도가 낮은 전달자의 경우에는 강한 표현을 사용하기에는 무리가 있고, 신뢰도가 높은 전달자의 경우에도 너무 강한 표현을 사용해서는 부작용을 초래할 수 있다.

▣ 양면 혹은 일면 메시지

수용자에 따라서 일면 혹은 양면 메시지가 더 효과적일 수 있다. 먼저 양면 메시지가 더 효과가 있을 수용자는 교육 수준이 높고, 현재 제시되는 주장과 다른 의견을 가진, 또 이후에 반대되는 주장에 노출될 가능성이 많은 사람이다. 이런 경우에는 장점을 강화하고, 단점은 약화시키는 전략을 통해 메시지에 양면의 주장을 담아야한다.

반대로 일면 메시지가 효과가 있을 수용자는 교육 수준이 낮고, 현재 제시되는 주장과 같은 의견을 가진, 이후에 반대되는 주장에 노출될 가능성이 적은 수용자이다. 이런 경우에는 굳이 부정적인 내용보다는 긍정적인 내용을 중심으로 일면적인 메시지를 전달하는 것이 더 효과적이라고 생각된다.

▣ 주장의 위치

대체로 수용자들이 찬성할 수 있는 의견을 먼저 제시하는 것이 커뮤니케이션을 원활하게 진행할 수 있는 방법이다. 특히 수용자가 관심이 낮은 경우에는 역클라이막스형 순서(anticlimax order)로 앞에 중요한 결론을 미리 제시하는 것이 좋다. 수용자가 관심이 높은 경우나 찬성하는 주제에 대한 설득은 클라이막스형 순서(climax order)로 뒤에 결론을 내리는 것이 가능하다. 가장 극대화된 효과를 거두기 위해서 설득에 집중할 수용자를 특성으로 도입-전개-절정-결말의 순서로 설득을 진행할 수 있다.

물론 이런 순서나 주장의 위치는 상황에 따라 달라진다. 신문기사 같은 이성적인 설득에서는 두괄식으로 주장을 먼저 제시하고 그에 대한 증거를 나열할 수 있을 것이고, 영화 같은 감성적인 내용이 담긴 설득에서는 클라이막스 구조로 수용자를 서서히 메시지에 몰입되게 만드는 구조로 결론을 나중에 제시할 수 있다.

▣ 결론의 명확한 제시

설득 과정에서 메시지에 결론을 명확하게 제시할 수도 있고, 수용자가 직접 결론을 도출하도록 암시적으로 제시할 수도 있다. 암시적으로 결론을 제시하고 수용자 스스로 결론을 도출하는 것이 설득 효과를 높일 수 있는 방법이다. 하지만 모든 상황에서 수용자가 적극적으로 결론을 찾는 것은 아니다. 따라서 상황이나 여건에 따라서 결론을 명시적 혹은 암식적으로 제시할 필요가 있다.

수용자의 지적능력이 낮은 경우에는 설득 메시지에서 명확한 결론을 제시하는 것이 좋다. 또한 주제가 복잡하거나 어려울 경우에는 수용자가 스스로 결론을 내리기가 어려우므로 명확한 결론을 제시하는 것이 좋으며, 반대의 경우에는 스스로 결론을 내리도록 유도하는 것이 바람직하다.

제시된 주제가 개인적일 경우에는 깊은 사고가 수반되므로, 어느 정도 정보로도 수용자 스스로 결론을 내리도록 유도할 수 있으나, 비개인적 주제인 경우 중요하지 않기 때문에 수용자의 적극적인 사고를 기대할 수 없으므로 명확한 결론을 제시한다. 전달자가 이기적 목적을 가지고 있어서 공신력이 낮은 경우에는 수용자 스스로 결론을 내리도록 유도하는 것이 바람직하다.

▣ 문간에 발 들여놓기 기법(Foot-in-the-Door)

이 기법은 작은 요청의 성공을 바탕으로 큰 요청의 성공을 이끌어내는 방법이다. 결국 작은 요청을 들어준 사람은 그보다 조금 더 큰 요청도 들어준다는 원리를 이용하는 설득 기법이다. 과거 방문판매원이 주로 사용하는 기법이었는데, 사람의 일관성을 유지하고 싶어 하는 특성을 활용한다. 방문판매원은 잠시 시간을 내주실 수 있는지, 물 한잔 마실 수 있는지 등 승낙이 가능한 연속적인 작은 요청이 담긴 대화를 통해서 호의를 형성하고 결국 어려운 승낙인 제품이나 서비스의 판매를 이끌어내려고 노력한다.

■ 면전에 문 닫기 기법(Door-in-the-Face)

큰 요청 거절로부터 작은 요청 승낙을 얻어내는 기법이다. 큰 요청을 한 번 거절한 사람은 그것보다 작은 요청이 있을 때 미안한 마음에 가능하다면 그 요청을 승낙한다는 원리를 이용한다. 문간에 발 들여놓기 기법과 유사하지만 수용자의 일관성 유지 특성이 아닌 거절에 대한 부담을 활용한다는 차이가 있다. 방문판매원의 예를 여기에 적용하면, 판매에 당장 첫 번째 판매에 실패하더라도 그 거절에 대한 보상을 추후에 얻어낼 수 있다는 점을 발견할 수 있다. 지속적인 방문을 통한 호의를 형성하고, 그 호의를 바탕으로 영업에 성공을 거둘 수 있다.

2. 메시지 소구방법

수용자에게 설득 메시지 특히 광고를 제시함에 있어서 메시지 전달 효과를 높이기 위한 내용 구성 및 설계의 유형에 따라 소구 방법을 분류할 수 있다.

1) 위협적 소구방법

위협적 소구방법은 눈앞의 혹은 앞으로 예상되는 불안, 위험으로부터 해방되고 싶은 인간의 욕구를 설득에 활용하는 예이다. 위협적 소구에서 중요한 것은 첫 번째 충분히 위협을 느낄 만큼 수용자가 위험성을 인지해야 한다는 것이다. 하지만 여기서 중요한 다른 측면은 위험성이 너무 클 경우에는 오히려 수용자의 방어기제에 의해 커뮤니케이션이 실패할 수 있다는 것이다.

위협의 효과는 역 U자형 형태의 소구효과를 나타낸다. 즉 소구효과가 어느 정도 위험성까지는 계속 증가하다가 일정 수준을 넘으면 그 효과가 급속히 감소한다. 이 일정 수준이 결국 위협소구의 적정수준(optimal level)이라고 할 수 있고 이 적정수준을 넘으면 원하는 방향과 반대로 효과가 나타나는 부메랑 효과가 관찰된다. 또 하나의 조건은 수용자가 인지한 위험을 해소할 만한 가능성이 있는 방법을 제시해야 한다는 것이다. 그렇지 못할 경우에는 메시지에 제시된 위협 자체에 대한 방어기제가 발동되고 부정적인 태도가 형성된다.

위협적 소구는 먼저 전달자의 공신력이 충분히 높거나, 위협소구의 주제가 수용자에게 낯설거나, 수용자의 자존심에 해를 미치지 않거나, 수용자의 방어적 반응을 유발시키지 않을 경우에 효과적인 사용이 가능하다. 위협적 소구가 많이 쓰이는 상품은 치약 등 위생용품, 담배, 술 등이 있다.

위협소구를 설명하는 대표적인 이론은 확장된 병행과정 모델(Extended Parallel Process Model)이 있다. 이 모델은 두 개의 병행과정을 강조하는데, 첫 번째는 위협이며 두 번째는 그 위협을 제어할 수 있는 효율적인 정보이다. 문제와 해결책으로도 이해할 수 있다. 위협소구 메시지는 효과적으로 개인을 위협해야 하며, 동시에 그 위협을 피할 수 있는 방법을 제시할 수 있어야 한다. 위협은 그 강도가 어느 정도 강해야 하며, 동시에 그 개인에게 그 결과가 발생할 가능성이 있어야 한다. 또한 해결책은 그 위협을 합리적으로 해결할 수 있도록 제시되어야 한다.

즉, 전달자는 수용자를 충분히 위협해야 하며, 이런 문제의 제시와 함께 해결책도 논의할 필요가 있다. 또한 이 과정에서 해결책을 선택하지 않았을 때의 비용과 함께 해결책을 선택했을 때의 장점을 충분히 부각시켜 메시지를 제시할 필요가 있다.

2) 이성적 혹은 감성적 소구방법

이성적 소구방법 (logos appeals)은 논리에 중점을 둔 소구방법으로 관여도가 높고 기능성이 중요한 제품 등의 설득에 많이 활용된다. 수용자가 원하는 정보를 제공하는 것에 초점을 두며, 설득 주장을 뒷받침하는 실증적 및 논리적 자료도 함께 제공해야 한다. 이성적 소구방법의 목표는 결국 수용자의 이해를 증진시키는 것이다.

이성적 소구방법에서는 수용자가 원하는 정보를 얼마나 효과적으로 구성하여 제공하는 것에 설득의 성공이 달려있다. 전자제품이나 특정 기능이 중요시되는 제품들이 여기에 속하며 보통 고가의 제품들에 해당된다.

감성적 소구방법 (pathos appeals) 소비자의 기쁨과 즐거움, 슬픔과 분노 등 쾌락 혹은 고통을 수반하는 감정에 기반을 둔 설득 방법이다. 수용자들의 원망(needs and wants)에 호소하는 형태로 진행되며 소비자가 가진 혹은 가지고 싶은 이미지의 느낌을 전달해야 한다. 정보는 최소한으로 제한되며, 메시지에 활용된 디자인이 중요한 요소가 된다.

감성적 소구방법에서는 이미지를 얼마나 효과적으로 표현했는지에 설득의 성공이 결정된다. 패션, 명품 등 고가의 제품들에 해당되며, 제품의 브랜드는 특정한 이미지를 구축하고 있어야 한다. 기업 혹은 브랜드 이미지는 장기간의 노력에 의해서 창출되며, 수용자가 원하는 이미지와 얼마나 일치되는가 여부가 중요하다.

3) 다양한 유형의 소구방법

■ 유머 소구방법

설득메시지에 웃음을 활용하여 커뮤니케이션 효과를 창출하는 접근이며, 광고 등에서 가장 흔하게 관찰할 수 있는 소구방법이다. 웃음은 수용자의 마음을 열 수 있는 분위기를 조성하고, 상쾌한 기분을 제품과 서비스에 옮길 수 있기 때문에 선호하는 소구방법 중의 하나이다. 동시에 웃음은 설득에 대한 저항을 약화시키기 때문에 설득 목적을 달성하는데 유용하다.

유머 소구방법의 주의할 점은 유머 자체가 고급스러운 이미지나 안전과 관련된 이미지와는 쉽게 어울리지 않는다는 점이다. 즉, 기업광고, 명품광고, 금융광고에서는 그 사용이 쉽지 않다. 이 분야에서 후발 주자는 인지도 상승을 위해서 유머를 사용하기는 하지만 대부분의 기업은 기업광고, 명품광고, 금융광고에서는 유머보다는 다른 소구방법을 활용한다.

▣ 사실제시 소구방법

사실제시 소구방법은 설득의 이성적인 접근과 유사하며, 상품이니 상표에 관한 실제적인 사실의 설명을 기초로 하는 방법이다. 제품의 기능이나 실질적인 활용 가능성을 중심으로 설명하는 소구방법이다.

기능이 중요한 제품들에서 관찰되며, 컴퓨터 광고에서 사실제시기법을 쉽게 발견할 수 있다. 과연 컴퓨터 성능은 어떠하며, 실제적으로 제품이 보유한 특징을 설명할 수 있다.

▣ 입증식 소구방법

입증식 소구방법은 사실제시 소구방법과 유사하나 광고 속 제품이 소비자에 의해서 활용되고 있는 상황을 실증적으로 증명하며 그 사용 결과가 제시된다는 점에서 구별할 수 있다. 즉, 기능의 설명을 중심으로 광고가 진행되면 사실제시 소구방법을 활용하고 있다고 판단할 수 있고, 그 기능을 활용해서 무엇인가를 하고 있는 모습을 담고 있다면 입증식 소구방법을 활용하고 있다고 판단할 수 있다. 휴대폰, 세재 등 생활밀착형 제품들에서 실제 제품의 사용 상황을 광고메시지에 담곤 한다.

▣ 증언 소구방법

증언 소구방법은 소비자의 증언 혹은 추천을 활용하는 방법이다. 제품에 대한 소비자의 소감이나 평가를 활용하는 방법이다. 때로는 유명인이 제품 사용에 대한 경험을 설명하기도 한다. 대표적인 분야는 화장품으로 소비자나 유명인이 화장품 사용 경험을 증언한다. 증언 소구방법은 실제 소비자의 유사성을 활용하여 설득 목표를 달성한다. 이 유사성은 제품이 사용되는 생활을 중심으로 활용되며, 소비자의 고민을 우선적으로 해결한다는 점을 강조하기도 한다.

▣ 성적 소구방법

성적 소구방법은 성적인 측면을 설득 메시지에 담는 주의를 끌고 기억에 남는 설득의 가장 효과적인 방법이기도 하다. 현대의 많은 제품이나 서비스는 소비자의 성적인 욕망을 활용하고 있다. 커뮤니케이션 역시 이런 성적인 측면을 활용할 수 있다.

성적 소구방법을 활용하는 경우에도 조심해야 할 측면이 있는데, 우선 가장 먼저 고민해야 하는 것은 제품과 성적인 소구 사이에 직접적인 연관을 찾을 수 있는가 하는 점이다. 직접적으로 제품의 이미지에 성적인 측면이 있다면 성적 소구방법이 효과적일 수 있다. 다음으로는 성적 표현의 정도에 주의해야 한다. 문화에 따라 성적인 메시지에 대한 관용에 한계가 있다. 특히 최근 성적 메시지의 범람과 성적인 자유화로 인해서 성적인 문제에 대해 논란이 되는 광고나 설득메시지가 있다. 우리 사회는 성적인 문제에 있어서는 현실과 이상의 차이가 큰 문화 가운데 하나이다. 따라서 성적인 요소를 활용할 때는 관용의 범위를 잘 고려해야 한다.

때로는 이런 논란을 통해서 사회적 이슈를 만들어서 마케팅에 활용하는 경우도 있지만, 이런 제품과 서비스의 경우에는 성적인 논란이 제품과 브랜드에 악영향을 주지 않는다는 전제 하에서 소구방법을 사용하는 것이 가능하다. 베네통, 디젤과 같은 외국 사례에서 볼 수 있듯이 성적인 관념이 비교적 자유로운 젊은 파격적인 수용자를 목표로 하는 제품이나 브랜드라면 여전히 조심스럽게 이런 성적인 관용의 경계를 공략할 수 있다.

■ 비교 소구방법

비교 소구방법은 우리 제품과 경쟁 관계에 있는 제품 혹은 기존의 자사 제품과 제품의 핵심편익을 비교하는 기법을 사용한다. 대부분 기업이 비교 소구방법에서 꼭 필요한 상황이 아니라면 경쟁 제품보다는 자사 제품과 비교하는 전략을 활용한다. 이유는 비교광고의 경우, 법적으로 입증 책임을 져야 하기 때문이기도 하고, 동시에 경쟁 제품의 광고로 인해 피해를 입을 가능성도 고려해야 하기 때문이다.

비교 소구방법을 활용하는 경우는 선두 브랜드와 비교를 통해 단기간에 제품 포지셔닝이 필요하거나 경쟁 제품이 갖추지 못한 기능적 혹은 기술적 우위를 가진 경우이다. 이 경우에도 과학적 입증 가능성을 고려해서 비교 소구방법을 활용해야 한다.

■ 애정 소구방법

인간이 가진 또 추구하는 가장 아름다운 감정은 애정이다 애정 소구방법은 이런 인간의 가장 원초적이면서 자연스러운 감정을 설득에 활용하는 방법이다. 남녀 간의 애정이 가장 흔한 주제이지만, 더 나아가서 우리에게 중요한 부모, 스승, 친구와의 관계에서 나타나는 넓은 의미의 애정까지 포함하고 있다. 누구에게나 쉽게 호소할 수 있는 감정이라는 점에서 제품과의 연관성을 만들어낼 수 있다면 애정 소구방법은 가장 효과적인 설득 과정의 주제가 될 수 있다.

6장

태도와 기능

제6장

태도와 기능

1. 태도와 기능

1) 태도

설득은 일반적으로 수용자의 태도(attitudes), 신념(beliefs), 행동(behaviors)을 변화하는 것을 목표로 한다. 태도는 사람, 대상, 이슈에 대한 일반적이고 지속적인 긍정적이거나 부정적인 감정을 말한다.

예를 들면, 수용자가 사형에 대해 갖는 태도는 가혹하다고 느끼는 부정적인 태도이다. 수용자의 신념은 사실이라고 믿고 있는 정보에 의해 결정된다. 우리나라에서 사형은 합법이라고 믿고 있는 정보를 신념이라고 한다. 마지막으로 행동은 이런 신념과 태도를 바탕으로 사형 반대 집회에 참여하는 것을 말한다. 즉 직접적으로 수용자가 실행하는 행동으로 정의된다.

태도는 수용자의 마음의 방향이며, 그의 행동에 뚜렷한 영향을 미치는 수용자의 내부적인 상태이다. 수용자가 대상에 대해 반응하는데 있어 영향을 주는 정신적인 상태이며, 이런 대상에 대해 가지는 일반적이거나 지속적인 긍정적 혹은 부정적 감정이다. 여기서 태도의 대상은 사람, 사건, 제품, 정책, 조직 등을 넓게 포함한다. 태도는 대상에 대한 신념에 대한 개인의 평가의 체계적인 합이다.

태도와 유사한 개념으로 습관이 있다. 습관은 수용자 개인의 규칙화된 패턴을 의미하며 주로 행동을 통해 파악된다. 흥미로운 점은 수용자는 자신의 습관을 제대로 인식하지 못한다는 것이다. 또 하나의 개념은 가치인데 수용자 개인의 궁극적 목표이자 이상이며 여러 가지 태도의 총합이 개인의 가치를 결정한다. 가치는 태도보다 더 광범위하고 중요할 수도 있다. 마지막으로 고려할 점은 수용자 의견인데 이는 수용자의 인지적 판단 요소로 이루어져있다.

태도의 특징을 살펴보면, 태도는 우선 개인적인 성향으로 사회 속에서 학습되는 것이며 선천적인 것이 아니라는 점이며 아주 어린 나이부터 형성되기 시작한다는 것이다. 태도는 주로 평가와 연관되어 있다. 이런 평가에는 필연적으로 감정적인 요소 또한 포함될 가능성이 있다. 즉, 태도는 매우 합리적이고 이성적일 수도 있지만 또한 같은 맥락에서 비합리적이고 감성적일 수도 있다는 것이다. 또한 위에서 언급된 것과 같이 태도는 분명한 대상을 가진다. 또한, 태도는 긍정적이거나 부정적인 방향성을 가지고 있고, 얼마나 그 태도가 강한가 하는 정도 혹은 강도를 지닌다. 여기에 한 가지 추가해야 할 태도의 특성은 중요성이다.

태도는 수용자의 인지적, 정서적, 행동적 요소와 연관되어 있다. 즉, 태도를 구성하는 신념은 인지적 요소, 태도는 정서적 요소, 행동은 행동적 요소와 밀접하게 연관되어 있다고 이해할 수 있다. 결국 설득은 수용자의 인지적 요소, 정서적 요소, 행동적 요소를 변화시키는 것이고, 그 과정에서 신념, 태도, 행동의 변화가 복합적으로 관찰된다.

광고 전략가의 예를 살펴보면, 자동차 판매를 설득해야 하는 메시지에서 광고되는 차가 좋은 주행력을 가졌다고 믿게 하는 구체적인 정보를 전달해서(신념 변화), 차에 대한 긍정적인 평가를 이끌고(태도 변화), 이 신념과 태도를 가진 수용자는 차 구매가 필요할 때, 신념과 태도를 확립한 광고된 차를 구입하도록(행동변화) 설득 과정을 설계할 수 있다.

2) 태도의 기능

수용자는 어떤 대상에 대해 태도를 형성하는 이유 또는 그 태도의 기능은 자아방어적 기능, 가치표현적 기능, 지식적 기능, 실용적 기능, 사회적응적 기능, 사회정체성 기능으로 설명할 수 있다.

먼저 태도의 자아방어적 기능은 수용자가 생각하는 중요한 가치를 보존하기 위해서 그 가치에 반하는 혹은 그 가치를 실천하는 대상에 대해 태도를 형성한다는 것이다. 남성의 역할이나 남성의 특징에 대해서 오랜 시간 동안 가치를 형성한 수용자는 남성적인 자아 이미지 혹은 가치를 보존하기 위해서 동성애자에 대한 불유쾌한 부정적인 태도를 형성하게 된다.

태도의 가치표현적 기능은 수용자가 태도를 형성하면서 자신이 가진 핵심적인 가치관을 담고 표현하는 것이다. 환경 보호에 대한 가치를 가지고 수용자는 각종 재활용 활동에 적극적으로 참여하게 되고, 환경보호 활동에 호의적이 된다.

태도의 지식적 기능은 수용자가 자신이 형성한 태도를 세상을 이해하는 준거틀(frame of reference)로 사용한다는 것이다. 결국 형성된 태도를 통해 전달되는 주변의 정보나 사건들을 쉽게 조직하고 이해하는 것이다. 때로는 이런 준거의 틀이 되는 태도가 특정 대상에 대한 편견을 형성하기도 한다. 어떤 특정한 정보에 대한 노출로 외국인에 대한 부정적인 태도를 형성한 수용자는 외국인과 관련된 일에 대해서 깊은 사고 없이 부정적인 태도를 적용하게 된다.

태도의 실용적 기능은 결국 수용자의 보상의 극대화와 처벌의 최소화를 위한 노력에서 비롯된다. 수용자가 살아가면서 어떤 대상과 연결된 보상이나 처벌을 지속적으로 접하게 된다면 결국 그 대상에 대한 긍정적 혹은 부정적 태도를 형성하게 되며, 이렇게 형성된 태도는 지속적으로 그 효과를 나타낸다.

추가적으로 태도를 갖는 이유를 속한 조직에서 훌륭한 구성원이 되기 위해서 조직에 속한 사람과 비슷한 태도를 형성하는 사회적응적 기능으로도 설명할 수 있다. 사회나 집단 속에서 대나수 구성원들과 비슷한 태도를 형성하는 것은 실제로 사회에 적응하기 위해서 필요한 일일 수도 있다. 또한 비슷한 맥락에서 자신이 속한 계급이나 자신의 지위를 표현하기 위한 사회정체성 기능으로도 태도를 갖는 이유를 설명할 수 있다.

태도의 극화 현상 역시 이런 태도의 기능으로 설명할 수 있다. 극화된 집단에 속한 수용자는 그 집단에서 성공적으로 적응하기 위해서 혹은 그 집단의 독특한 가치를 표현하기 위해서 특정 태도를 발전시킬 수 있으며, 그 집단 속에서 그 태도는 더욱 강화될 가능성이 있다.

2. 태도와 행동

1) 태도와 행동

지금까지 설명한 태도는 행동을 예측할 수 있다는 전제를 가지고 있다. 즉 수용자의 태도가 수용자의 행동으로 결국 이어진다는 것이다. 이런 이유로 설득 커뮤니케이션에서 과연 태도가 행동을 직접적으로 예측할 수 있는가의 문제는 중요하다.

1930년대 초 스탠포드대학의 라피에르(LaPiere) 교수는 중국인 부부와 여행을 하면서 미국 서부 지역의 유명 호텔에 숙박하였다. 동양인에 대한 편견이 심했던 시기였기 때문에 많은 호텔에서 방을 제공하는 것을 보고 교수는 대단히 놀랐고[23], 그 후 같은 호텔에 전화를 걸어서 중요한 중국인 손님이 숙박하려하는데 방이 있는가를 다시 조사하였다. 전화를 통해

---

23 66개의 숙소와 184개의 식당에 들렀으나, 1군데 호텔을 제외하고는 서비스를 제공받았다.

물었을 때, 여행 중에 호텔 숙박이 가능했던 곳도 중국인의 숙박은 불가하다고 응답하는 결과를 얻었다. 다시 설문을 통해 물었을 때도 92%에 가까운 호텔이 중국인에게 방을 제공하지 않겠다는 응답을 했다. 이 실험에서 교수는 말과 행동이 일치되지 않는다는 결론을 내렸다.

또 다른 연구에서는 시험이 끝난 후, 시험지를 비밀스럽게 채점한 후, 그 결과를 알리지 않고, 학생들에게 스스로 자신의 시험지를 채점하게 했을 때 채점결과와 스스로 채점한 점수 사이에는 상당한 차이가 존재했다. 이 실험 결과로도 태도가 행동과 직접적으로 연관되지 않는다는 결론을 내릴 수 있다.

이런 연구에서 얻은 결론은 전체적으로 볼 때, 태도가 행동과 밀접하게 관련을 맺고 있다기보다는 관련이 없거나 단지 미약한 관련만이 있는 것 같다는 주장이었다.

태도와 행동의 관계를 이해하기 위해서는 행동의 네 가지 요소인 행동(action), 목표(target), 상황(context), 시간(time)을 이해할 필요가 있다. 태도와 행동의 관계는 단순하게 이해하기 어려운 종합적인 관계이고 그 관계에 영향을 미치는 다양한 요인들이 존재한다는 것이다. 행동의 요소인 행동은 말 그대로 어떤 일이 벌어지는가를 의미하는 것이고, 행동에 영향을 주는 목표는 과연 그 행동이 어떤 목표를 가지고 있는가이며, 상황과 시간은 언제 또 주변 상황이 현재 어떠한가를 의미한다.

결국 행동은 어떤 목표로 어느 환경 하에서 언제 일어나는 일인가를 모두 고려해야 이해가 가능하다는 것이다. 목표, 상황, 시간이 변함에 따라 그에 따라 관찰되는 행동 자체가 다를 수 있다는 것이다. 즉, 태도가 행동으로 연결되기 위해서는 특정한 조건이 갖추어질 필요가 있다는 것을 짐작할 수 있다.

예를 들면, 쓰레기를 아무 곳에나 버리는 사람도 자기 집에서, 보는 사람이 많은 곳에서, 아주 깨끗한 거리에서는 그 행동을 하지 못한다. 이는 결국 상황적인 요인이 새로운 행동이 가능하게 만들었다는 것이다.

2) 태도와 행동의 연결

태도와 행동의 일치에 영향을 미치는 상황을 살펴보면, 우선 일반적 유형의 태도는 일반적 유형의 행동과 연관된다고 생각할 수 있다. 즉 목표, 상황, 시간을 일반적으로 만든다면 태도는 행동과 연결될 가능성이 많다. 수용자 개인과 너무 밀착되어 있는 주제나, 개인이 구체적인 이익이 달려있는 주제에는 가지고 있는 태도와 실제 관찰되는 행동 사이에 차이가 생길 수 있다.

다음으로는 태도를 측정하고 시간적 차이를 줄여서 행동을 측정할 경우에는 그 시간이 짧을수록 태도와 행동이 일치될 가능성이 높다.

수용자 개인의 특징인 내적상태에 주의를 기울이는 정도도 태도와 행동의 일치성을 높인다. 자신의 태도를 주의 깊게 돌아볼 수 있는 사람이 더 일치된 행동을 보인다는 것이다. 분별력이 낮은 사람은 태도와 행동에 더 큰 일치성을 보인다. 얼핏 이해되지 않는 측면이 있으나 여기서 제시되는 태도와 행동은 반드시 사회적으로 옳은 것은 아니다 하는 점을 고려하면 된다. 즉 사회적으로 부정적인 태도라도 분별력이 낮은 사람은 그 태도를 행동으로 쉽게 옮긴다는 것이다.

다른 사람의 의견을 고려해서 태도를 행동으로 옮기기도 한다. 이성적 행동이론(the theory of reasoned action)에 의하면 우리는 특정 행동에 대해 긍정적인 태도를 가지고 있고, 동시에 자신에게 중요한 주변 사람들에게 그 행동이 인정될 수 있을 때, 태도와 행동의 연계가 강해진다는 점을 시사하고 있다. 이 이론은 단순히 태도로부터 행동이 발생되는 것이 아니라 그런 태도와 행동의 연결에 영향을 줄 수 있는 요인으로서 다른 사람들의 평가를 제시하고 있다.

이성적 행동이론은 행동과 신념, 태도, 의도 간의 관계를 다루며, 모두 행동 의도를 행동의 가장 중요한 결정 요소로 제시하고 있다. 이성적 행동이론은 사람들의 태도와 행위의 관계를 설명하기 위해 피쉬바인(Fishbein)과 아젠(Ajzen)에 의해 제안된 이론으로 행동으로부터 바람직한 결과가 기대되고 개인이 긍정적으로 그 행동의 가치를 평가할 때 행동이 발생하는 것으로 설명하고 있다.

습관도 태도와 행동의 관계를 저해하는 요인이다. 습관은 무의식적으로 같은 상황에서 반복된 행동을 하는 혹은 자동화된 행동을 하게된다. 주기적으로 반복하는 식사나 수면 습관 같은 생활이 그 대표적인 예이며, 특정 조직의 문화와 관습에 대해서도 이런 습관이 형성된다. 습관이란 정형적이며 자동적으로 발생하는 반응이라는 점에서 자유로이 변화하는 의도적 반응과 구별된다. 의식적으로 통제하지 않는다면 태도가 습관을 극복하고 행동과 연결되기는 어려울 것으로 예측할 수 있다.

마지막으로 태도를 직접적인 경험으로부터 형성했는가 간접적인 경험으로부터 형성했는가도 영향을 미친다. 실제 교통사고를 겪을 뻔한 사람과 뉴스에서 무단횡단에 대한 부정적인 태도를 형성한 사람을 비교하면,

직접적인 경험을 한 사람이 무단횡단에 대한 태도와 행동에 더 일치성을 보일 것으로 기대할 수 있다.

3) 태도와 행동 일치성 강화 방법

이상에서 살펴본 바와 같이 태도와 행동이 반드시 일치한다고 주장할 수는 없으며, 여러 가지 요인에 의해서 일치성은 영향을 받는다. 그렇다면 설득에서 중요한 태도와 행동의 일치성을 강화하는 방법에는 과연 어떤 것들이 있는지 알아보기로 한다.

먼저 태도와 행동의 연관성을 지각시켜서 일치성을 강화시킬 수 있다. 어떤 태도와 행동을 일치시키기 위해서는 직접적으로 행동을 이끌어내는 태도와 연관된 커뮤니케이션을 강화하는 것이 필요하다. 즉 특정한 행동이 왜 필요한지 또 그 행동이 왜 중요한지 등을 강조하면, 그 행동과 연관된 태도가 강화되면서 태도와 행동 둘 사이의 연계를 기대할 수 있게 된다. 분리수거가 왜 중요한지에 대한 캠페인을 통해 실제로 분리수거에 대한 태도를 강화할 수 있고, 이렇게 강화된 태도는 실제 행동에서 관찰할 수 있다.

다음으로는 필요한 행동을 중요한 수용자의 중요한 가치와 연결해서 태도와 행동의 일치성을 강화할 수 있다. 광고에서 컴퓨터를 구매하도록 수용자를 설득하고 싶다면, 수용자가 중요하게 생각하는 자녀 교육이라는 측면에서 컴퓨터에 대한 태도에 접근할 수 있다. 자녀에게 좋은 교육을 받게 하고 싶으시다면 이 컴퓨터를 사 주세요라는 메시지는 수용자가 가지고 있는 자녀에 대한 좋은 교육의 필요성에 대한 가치와 컴퓨터 구입 행동을 연결한 경우이다.

다음 방법은 태도와 행동의 불일치에 대한 수용자의 위선적인 상황을 인지시키는 것이다. 어떤 행위를 못하게 하고 싶을 때, 우리는 안내문을 통해 수용자들에게 커뮤니케이션 할 수 있다. 단순한 금연 같은 메시지도 효과가 있지만, 이곳은 흡연구역이 아닙니다와 같은 수용자에게 해서는 안 될 행동을 하고 있다는 위선적인 상황을 일깨우는 메시지는 설득 효과를 달성할 수 있는 가능성이 있다.

마지막으로 태도를 행동으로 연결시켰을 때 기대할 수 있는 긍정적인 결과를 강조할 수 있다. 어떤 태도를 행동으로 연결시키기 위해서 수용자가 가진 태도를 행동으로 옮겼을 때, 과연 실제로 어떤 것을 얻을 수 있는가를 구체적으로 강조하는 것이다.

4) 태도의 기능과 설득커뮤니케이션 메시지

설득커뮤니케이션을 목표가 되는 태도 기능의 종류와 수용자의 규정초점(regulatory focus)으로 분류할 수 있다. 태도기능이론(Attitude Function Theory)에 의하면, 설득 주제에 대해 수용자가 가지고 있는 태도의 다양한 기능에 따라 각기 다른 설득 기술을 활용할 필요가 있다. 한 가지 태도의 기능에 효과적인 기술이 다른 기능에서는 효과적이지 않을 때가 있다. 다양한 연구에 의하면, 태도의 기능과 설득 기술이 일치할 때, 수용자들이 그 메시지에 더 많이 주의를 기울이고 진지하게 처리하는 것으로 나타났다.

태도의 기능을 다시 한 번 간단하게 정리하면, 자아방어적 기능(ego-defensive function), 경제적 또는 지식적 기능(knowledge function), 표현적 또는 자기실현적 기능(value-expressive or self-realizing function), 공리적 또는 적응적 기능(utilitarian or adaptive function)의 네 개로 제시할 수 있다.

태도의 기능과 함께 사용되는 규정초점은 관련 내용의 촉진에 초점을 둔 촉진 규정초점(promotion focus or concern)과 예방에 초점을 둔 예방 규정초점(prevention focus or concern)으로 분류할 수 있다.

■ 태도의 기능과 규정초점

태도의 공리적 기능(utilitarian function)은 수용자가 보상을 극대화하고 손해를 최소화하거나 즐거움을 얻고 고통을 피할 수 있도록 하는 태도의 기능이다. 지식적 기능(knowledge function)은 많은 양의 정보를 요약하여 세계를 단순화하고 결론을 쉽고 빠르게 내리기 위해 정보를 조직하고 이해하는 태도의 기능이며, 표현적 또는 자기실현적 기능(value-expressive or self-realizing function)은 사회적으로 중요한 신념이나 의견을 다른 사람들에게 표출하고, 사회 속에서 상호작용을 윤활하게 이루어지도록 하는 태도의 기능이다. 수용자의 중심적인 가치나 자아상을 표출함으로써 만족을 느끼게 하는 태도 기능으로 이해할 수도 있다. 마지막으로 자아방어적 기능(ego-defensive function)은 자신의 이미지를 방어하는 태도 기능으로 때로는 소수에 대한 편견으로 표출되기도 하고, 위협으로부터 자신을 보호하고 안전함을 느끼게 하는 역할을 한다.

두 가지의 규정 초점이 있는데 먼저 촉진 규정초점은 원하는 결과를 얻는 것을 중요하게 평가하는 관점이며, 예방 구정초점은 원하지 않는 결과를 피하는 것을 중요하게 평가하는 관점이다.

규정초점이론(Regulatory Focus Theory)에 의하면, 수용자의 특성과 그를 둘러싼 다양한 환경적 요인이 함께 작용하여 수용자들이 촉진을 원하거나 예방을 원하는 규정초점의 활용에 영향을 미친다.

태도의 기능(4) X 규정초점(2)을 활용하면, 8개의 영역에서 각기 다른 설득커뮤니케이션 전략을 구사할 수 있다. 그 내용은 아래에 정리되어 있으며, 개별 영역에 대해 상세히 기술하고 있다. 이 표는 8개의 영역에서 과연 어떤 설득 기술을 활용했을 때, 일반적으로 설득 효과를 가장 높일 수 있는지를 제시한다.

〈표 5〉 태도의 기능과 규정 초점

태도 기능	촉진 규정초점	예반 규정초점
지식적 기능	사실제시 소구방법 주장의 논리적 논증 비교 광고	Mystery 광고 놀람, 낯섬 등 혼란을 활용
표현적 기능	이미지 중심 소구방법 유명인 이미지 활용	Nerd Alert 소구방법 피하고 싶은 이미지 활용
자아방어적 기능	권위를 가진 대변인 의료 법률 전문가	위협 소구방법
공리적 기능	즐거움	고통

■ 지식적 기능 (knowledge function)

태도의 지식적 기능은 수용자가 어떤 결정을 내리기 위해서 가지고 있던 경험이나 지식에 의존해서 그 태도를 활용한다는 것이다. 수용자는 설득 메시지에 제시되는 모든 내용을 고려할 필요는 없다. 메시지 내용 중에서 본인이 가지고 있는 확립된 태도가 있는 내용을 중심으로 설득메시지를 처리할 수 있다.

이 경우에서 설득 메시지 내용으로는 필요한 정보를 바탕으로 하는 강한 논증이 필요하고 그 내용을 수용자가 심사숙고하게 된다. 중심적 통로(지식적 기능)를 통한 정보처리과정으로 이해할 수 있다, 지식적 기능을 제외한 다른 태도 기능은 모두 주로 주변적 통로를 통한 정보처리과정에 기반을 두고 있다고 볼 수 있다.

이 영역에서 최고의 설득 방법은 주장을 펼침에 있어서 사실과 논증에 초점을 두고, 메시지에서 제시된 내용을 수용자가 어떻게 처리하는가 하는 것을 고려해야 한다. 지식적 기능에 해당하는 상품이라면 이해가 필요한 복잡한 기능을 가진 상품이며, 그 상품의 정보 중에서 수용자가 중요하게 생각하는 것을 파악하고 그 내용을 중심으로 논리적인 설득을 전개하면 된다.

지식적 기능 중 촉진 중심 영역은 수용자와 관련된 사실적 정보와 논리적 논증을 활용한다. 아래와 같은 삼단논법의 형식을 활용하여 메시지를 설계할 수도 있다. 삼단논법은 주장을 논리적으로 연계하여 주장하는 효과적인 방법이다.

삼단논법

1. 제품 A는 X라는 특성 보유
2. 제품이 X라는 특성을 가지면, 그것은 Y라는 장점을 제공
3. 따라서 제품 A는 Y라는 장점을 제공

물론 이 과정에서 X라는 특성은 수용자가 제품을 결정하는데 중요한 핵심구매요인(Key Buying Factor)이어야 하며, 다른 제품과 차별화될 수 있어야 한다. 설득메시지를 제시하는 과정에서 정보를 처리하고 결론을 내리는 시간과 정보를 평가하는데 걸리는 시간을 고려해야 한다. 중요한 주제일 경우에는 충분한 시간을 확보할 수 있지만, 중요도가 떨어질수록 처리 시간을 줄이기 위해서 정리된 핵심정보만을 전달해야 한다.

수용자의 인지욕구(The need for cognition)도 고려해야 한다. 개인에 따라서 알고 싶은 정도의 차이가 있다. 인지욕구가 많은 사람은 차분히 정보를 파악하며, 인지욕구가 낮은 사람은 복잡한 내용에 충분한 노력을 기울이지 않는다.

논증을 하는 과정에서 논증 구조를 고려할 필요가 있는데, 수직적 논증 구조와 수평적 논증 구조가 있다. 수직적 구조의 논증은 각 주장이 수직적으로 하나의 연결을 이루고 있다.

수직적 논증은 주장이 서로 연결되어 있는 구조인데, 일관된 하나의 논리적인 연결을 활용하는 강한 논증의 방법이기는 하지만 중간의 주장이 인정받지 못하면 전체 연결이 끊어지면서 마지막에 제시되는 결론은 수용자에게서 제대로 지지받지 못한다.

수직적 논증 구조

1. 삼성 컴퓨터는 리모컨으로 작동할 수 있다.
2. 리모컨은 컴퓨터를 작동시키는데 편리하다.
3. 이렇게 편리한 제품이 좋은 제품이다.
4. 그러므로 삼성 컴퓨터는 좋은 제품이다.

수평적 구조의 논증은 결론을 내리는데 다양한 주장이 기여한다. 여러 가지 논거를 제시하기 때문에 혼란스럽기는 하지만 한 가지 주장이 인정받지 못하더라도 다른 주장들이 결론을 여전히 지지할 수 있다.

수평적 논증 구조

1. 삼성 컴퓨터는 리모컨이 있다.
2. 삼성 컴퓨터는 속도가 빠르다.
3. 삼성 컴퓨터는 소음이 적다.
4. 그러므로 삼성 컴퓨터가 좋은 제품이다.

수직적 구조의 논증과 수평적 구조의 논증 모두 수용자가 중요하게 생각하는 주장에 초점을 맞추고 있다. 수직적 구조의 논증은 한 개의 중요한 주장을 논리적으로 제시하고, 수평적 구조의 논증은 여러 개의 주장을 제시한다. 한 개의 주장 혹은 사실이 공격받으면, 수평적 구조의 논증의 결론은 여전히 지지 받을 수 있지만, 수직적 구조의 논증의 결론은 그 힘을 잃는다.

지식적 기능 중 촉진 규정초점 영역에서는 비교 소구방법도 사용할 수 있다. 핵심 내용을 비교해서 수용자에게 더 빠르고 명확하게 전달할 수 있다. 같은 기능을 직접적으로 비교해야 더 큰 설득 효과가 있다.

지식적 기능 중 예방 기능의 영역은 촉진 규정초점이 바람직한 결과를 얻는 것을 목표로 하는 것과 비교해서 예방 규정초점은 나쁜 결과를 피하는 것을 목표로 한다. 촉진 규정초점에서 활용한 방법은 그대로 예방 규정초점 영역에서도 활용할 수 있다.

지식적 기능은 무엇인가를 아는 기능인 것을 고려하면 예방 규정초점에서는 결국 수용자가 느끼는 놀람, 혼란, 낯섬 등을 활용해서 정보에 대한 욕구를 창출한다. 이런 애매함의 전략은 수용자가 가질 수 있는 설득 메시지에 대한 저항을 줄이고, 메시지 자체를 깊게 생각하도록 유도하는 장점이 있다. 대표적인 예로 미스터리 광고(Mystery Ad)가 있는데, 미스터리 광고는 브랜드나 제품을 숨기는 형태로 수용자의 관심을 불러일으킨다. 어떤 메시지는 놀라운 혹은 예측하지 못했던 정보를 포함시켜서 수용자의 깊은 사고를 도출한다.

결국 수용자 메시지로 야기된 혼란 상태는 설득에 대한 저항을 낮추고, 원래는 무시했었을 만한 정보에 대한 깊은 생각을 하도록 유도한다. 간단한 예로는 글자나 단어를 조합해서 새로운 형태의 브랜드나 제품의 이름을 만드는 전략이 있다. 이런 전략의의 역효과는 수용자가 혼란을 벗어나려고 메시지의 해석을 빨리 끝마치려고 할 수도 있다. 해결을 위해서 참을 수 있는 시간의 한계를 가지기 때문에 수용자를 모니터링하면서 궁금함이 최대에 달했을 때, 그 궁금함을 해소할 수 있는 단서나 해답을 제시해야 한다.

■ 표현적 기능(value–expressive or self–realizing function)

태도의 표현적 기능은 수용자가 그의 특징이나 선호 그리고 흥미를 다른 사람들에게 알리고, 그것을 통해서 사회적 상호작용을 원활하게 해주는 역할을 한다. 수용자는 흔히 다른 사람들이 가지고 있는 자신에 대한 평가에 주의를 기울인다. 이런 정도를 자기감시(Self–Monitoring)라는 개념으로 설명하기도 하는데, 자기감시는 다른 사람이 자기를 어떻게 생각할까

하는 측면을 생각하는 정도라고 할 수 있다.

표현적 기능 중 촉진 규정초점 영역은 세련되고 사치스러운 취향이나 남에게 쉽게 드러나는 제품을 그 예로 제시할 수 있다. 패션 관련 제품이나 샴페인, 와인, 코냑, 롤렉스 등 각 제품군에서 명품이 여기에 속한다. 애국심과 명성을 고려한 원산지 마케팅도 그 예가 될 수 있고, 스포츠팀에 대한 애정을 과시하는 유니폼이나 기타 제품들도 그 예가 될 수 있다.

이미지에 특히 신경을 많이 쓰는 수용자는 이미지를 활용한 광고와 유명인이 등장하는 광고에 그만큼 영향을 많이 받는다. 이런 이미지 광고에서는 자사 제품을 쓰는 사람의 독특한 이미지를 창출하고 지속적으로 그 이미지를 유지하려고 노력한다. 그 중 한 방법으로 유명인을 활용하는 방법인데, 유명인 광고는 자사 제품, 브랜드와 유명인을 연결함으로써 유명인의 이미지를 브랜드, 제품에 접목한다. 놀랍게도 수용자는 광고에 등장한 유명인이 정말로 광고되는 제품, 브랜드를 좋아한다고 인식하고 있는 결과가 관찰되었다. 수용자가 유명인이 광고되는 제품, 브랜드를 실제로 좋아한다고 믿을 때, 광고의 효과가 높아지기 때문에 이 결과는 중요하다.

표현적 기능 중 예방 규정초점 영역에서는 피하고 싶은 이미지를 제시할 필요가 있다. 매력이 없는 혹은 호감이 느껴지지 않는 모델(nerd alert)을 이용한다. 예를 들어, 10대를 대상으로 금연 설득메시지를 만든다면, 건강이나 죽음 같은 사회적으로 무거운 문제를 제시하는 것보다는 10대가 이미지에 집착하는 점을 고려해서 인기 없는 학생(nerds)과 인기 있는 학생(cool kids)의 대조나 흡연을 통한 미용 문제 같은 이미지 전략을 구사하는 것이 더 효과적일 수 있다. 이 영역에 해당되는 제품은 주로 촉진 규정초점과 같은 제품이며 그 특성은 외부에서 주로 사용되며, 남의 눈에 띄기

쉬운 성격을 지닌 제품이다.

■ 자아방어적 기능(ego-defensive function)

태도의 자아방어적 기능은 자신 혹은 종교적 혹은 정치적 신념과 같이 자신이 가진 중요한 가치나 생각을 지키고자 하는 성격이 반영되는 영역이다. 이 영역의 태도는 비교적 강하게 형성된 태도라고 볼 수 있으며, 단순한 사실적인 정보(사실이나 숫자), 이미지, 혹은 공리적인 내용을 강조하는 방법에 의해서 변화되기 어렵다. 자아방어적 태도 기능을 주로 활용하는 제품은 가족, 보안, 금융(예금, 보험, 연금), 약 혹은 건강관련 제품들이다.

방어적 기능 중 촉진 규정 초점 영역은 중요한 가치나 생각을 안전하게 지키거나 향상시키는 관점에서 이해할 수 있다. 자아방어적 기능을 확장하면, 기본적인 안전으로까지 그 확장이 가능하다.

자신이 익숙하지 않은 정신적, 정치적, 재정적 혹은 인전에 연관된 문제에 대해서 수용자는 때로는 맹목적으로 권위에 의존하는 성격을 보인다. 이런 측면을 활용해서 설득 전략으로 정치지도자나 종교지도자처럼 권위가 있는 유명인이나 의사, 법률전문가처럼 전문가를 활용하기도 한다.

태도의 방어적 기능 중 예방 규정초점 영역에서는 나쁜 일로부터의 방어가 중심이 되는 관점이다. 위협 소구방법이 설득 전략으로 가장 효과적일 수 있다. 위협 소구방법은 수용자에게 중요한 가치 영역에 부정적인 결과를 제시하면서 동시에 그 위험을 확실하게 회피할 수 있는 방법을 제시하는 전략으로 특히 자신이나 확신이 부족한 수용자에게 효과가 있다. 앞에서 제시된 가족, 보안, 금융, 건강, 약 등과 관련된 제품에 특히 효과적이다.

■ 공리적 기능(utilitarian function)

태도의 공리적 기능은 인간의 가장 기본적인 욕구에 충실한 태도의 영역이다. 인간은 즐거움을 추구하고 고통을 피하는 것을 기본적인 욕구로 한다. 맛이 좋다 기분이 좋다와 같은 단순한 즐거움과 고통을 활용해서 설득 메시지를 설계할 수 있다.

공리적 기능 중 촉진 규정초점 영역은 즐거움을 활용한다. 코카콜라, 펩시 제품의 광고에서는 흥겨운 음악, 젊음, 상쾌함 등 우리가 일상적으로 바라는 욕구를 숨김없이 드러내서 강조하고 있다. 죄책감의 즐거움이 어울리는 쾌락적 제품(hedonic products)이 주로 그 대상이다. 주로 개인적으로 소비되는 커피, 햄버거 등 쾌락적 제품은 높은 칼로리의 식품 같은 것으로 수용자의 깊은 생각을 원하지 않는다.

공리적 태도는 표현적 태도 기능과 충돌할 수도 있다. 자신의 아름다운 이미지를 만들고 싶은 태도와 맛있고 것을 먹고 즐거운 것을 하고 싶은 욕구 사이에 충돌이 일어나고 그 이유 때문에 쾌락적 제품을 죄책감의 즐거움으로 표현하기도 한다.

공리적 기능 중 예방 규정초점 영역은 뚜렷한 고통과 그 고통을 회피하는 방법으로 설득 메시지를 설계한다. 두통약의 경우 왜 두통이 생기고 어떻게 그것을 없애는지 과정에 대한 설명보다는 어떻게 두통을 아프게 표현하며, 또 그 해소를 어떻게 표현할 것인가가 더 중요하다. 가격할인과 같은 직접 프로모션도 수용자가 가격 할인을 받지 못했을 때의 고통을 암시하는 전략으로 설득 효과를 높일 수도 있다.

3. 동기부여이론

아브라함 매슬로우(Abraham Maslow)는 인본주의 심리학자로 자신의 가능성을 최대한 실현하는 자아실현에 큰 관심을 가지고 있었다. 단순한 욕구충족이 아닌 환희를 느낄 수 있는 완전함, 살아있음, 소속감 등의 특별한 경험인 지고체험(Peak experiences)의 중요성을 제시하고 있다.

그는 욕구계층이론에서 인간의 욕구(needs)를 다섯 단계로 구분하였고 후에 인지적 욕구(cognitive)와 심미적 욕구(aesthetic)를 추가하여 모두 일곱 단계의 욕구를 제시했다. 욕구계층이론은 현재까지 다양한 분야에서 활발하게 활용되고 있으며, 인간의 욕구를 명확하게 설명한 이론 중의 하나이다.

우선 다섯 단계의 욕구는 생리적 욕구(physiological), 안전의 욕구(safety), 사회적 욕구(social), 존경의 욕구(esteem), 자아실현의 욕구(self-actualization)이다.

■ 생리적 욕구

생리적 욕구(physiological)는 가장 기본적인 욕구이며 생존을 위해 필요한 욕구이다. 동물도 사람과 공유하는 욕구라고 설명할 수 있다. 공기, 배고픔, 갈증, 성욕 등 동물적 생존 욕구에 그 기반을 두고 있다. 이 욕구 충족이 장기적으로 결핍되면 개체 자체의 생존이 위협된다.

생리적 욕구를 설득 전략으로 연결하면, 식음료 제품을 예로 들 수 있는데, 상쾌하다, 즐겁다, 맛있다 등 단순한 감각을 주로 활용하는 메시지 전략을 구사할 수 있다. 탄산음료의 경우 생리적 욕구를 활용한다면, 건강 음료의 경우에는 안전의 욕구를 활용하는 것으로 이해할 수 있다. 즐거움을 추구하고 고통을 피하는 태도의 공리적 기능과 연결해서 이해할 수도 있다.

▣ 안전의 욕구

안전의 욕구(safety)는 육체적, 심리적 안전을 바라는 욕구이다. 이 욕구 또한 일반적으로 동물과 공유하고 있다고 설명할 수 있다. 인간은 누구나 육체적, 심리적으로 상처받지 않기를 바란다. 이런 관점에서 인간은 질서, 안정, 친숙함, 통제 등의 느낌과 건강, 경제의 안정을 바란다. 간단히 안전의 욕구를 설명하면 결국 편안함을 추구하는 특성이라고 할 수 있다.

안전의 욕구는 설득 전략에서 태도의 자아방어적 기능과 연결해서 이해할 수 있다. 무엇인가 지키고자 하는 인간의 욕구는 결국 보안서비스, 금융서비스에서 그 예를 찾을 수 있다. 특별히 위험한 상황을 강조해서 안정이 깨질 수 있다는 메시지를 전달하면서, 위험을 피하거나 안정을 유지할 수 있다는 해법을 제시하는 것은 오랜 설득 전략 중의 하나이다. 보험 광고를 살펴보면, 일어나기 어려운 극단적인 상황으로 수용자의 안정을 위협하고, 그 위협을 해결할 서비스를 설명한다.

▣ 사회적 욕구

사회적 욕구(social)는 인간이 사회적으로 현재 상태에 수용되기를 바라는 욕구이며 타인에 대한 애정을 구하는 특징이라고 할 수 있다. 주로 집단에 대한 소속감과 인간관계에 대한 필요를 느끼는 특성이다.

사회적 욕구와 관련되 태도 기능은 자기표현의 기능이다. 남들로부터 사랑받는 이미지를 갖고 싶고, 받아들여지고 싶은 욕구를 활용한다. 남에게 노출되는 패션 제품 같은 경우가 그 예이다. 자신의 이미지 혹은 자신이 갖고 싶은 이미지를 중심으로 그 이미지들과 연관된 제품이나 서비스를 활용하게 된다. 때로는 자신의 지위나 소속을 강조하기 위해서 제품과 서비스를 선택하기도 한다.

▣ 존경의 욕구

존경의 욕구(esteem)는 타인과 자신으로부터 존경을 받는 자율적인 삶에 대한 욕구로 설명할 수 있다. 자기존중, 자율성(autonomy), 성취감 같은 상위개념인 내적인 존경과 사회적 지위 획득, 타인의 인성과 관심에 대한 욕구 등의 하위개념인 외적인 존경으로 이루어져 있다.

마케팅에 주로 사용되는 존경의 욕구는 외적 존경이다. 남들에게 어떤 대접을 받을 수 있는가, 남들이 어떤 눈으로 바라볼 것인가 등이 설득 메시지 전략에서 많이 고려되는 요소이다. 스르르 미끄러지듯 달리는 검은색 승용차, 또 그 승용차에 집중되는 주목 등 광고 등에서 흔히 사용되는 욕구라고 할 수 있다.

외적 존경이 남으로부터 기인한다면 내적 존경은 자신을 평가하는 나로부터 발생하는 욕구라고 할 수 있다. 내적 존경은 어떤 의미에서는 자아실현의 욕구와도 연결될 수 있다. 다른 점이 있다면 내적 존경을 결정짓는 잣대는 결국 개인의 선택이지만, 자아실현의 욕구는 사회에 기여하는 가치적인 측면이 더 반영될 수 있다는 것이다.

▣ 자아실현의 욕구

자아실현의 욕구(self-actualization)는 개인이 자신의 존재 가능성을 완전히 구현하고자 하는 욕구이며 상당히 불명확하고 추상적인 욕구라고 할 수 있다. 개인의 잠재력의 완전한 활용을 통한 자기충족적 상태에 이르고자 하는 욕구이다.

추상적인만큼 설득 전략에 활용하는 것이 쉽지 않다. 아마도 인생의 충실함과 그 가치, 보람 등을 설득 메시지에 담을 수 있을 것이다.

▣ 욕구 특성

생리적 욕구와 안전 욕구는 주로 외부적 조건에 의존하며 원초적인 하위욕구(low-order needs)로 분류된다. 사회적 욕구, 존경 욕구, 자아실현의 욕구는 수용자 개인 내부적으로 충족되며 인간이 가진 특별한 상위욕구(high-order needs)로 분류할 수 있다.

다섯 단계의 욕구를 설명하면서 계층(hierarchy)이라는 표현을 사용한 이유는 모든 단계에서 전 단계 욕구가 충족되고 나서야 욕구가 발현되기 때문이다. 즉 생리적 욕구가 충족되어야 안전 욕구가 발현될 수 있다. 또한 기본적인 하위욕구인 생리적 욕구와 안전 욕구가 충족되어야만 다음 단계인 상위의 욕구가 발현될 수 있다.

가장 상위 개념인 자아실현을 제외하고 나머지 네 단계에서는 이미 만족된 욕구는 더 이상 동기 유발에 영향을 주지 않는다. 즉 생리적 욕구, 안전 욕구, 사회적 욕구, 존경 욕구에서는 결핍이 느껴질 때 비로소 그 결핍을 해소하고자 하는 동기가 유발된다는 것이고, 일단 충족되면 더 이상 동기유발이 되지 않는 욕구라고 볼 수 있다.

대조적으로 자아실현욕구는 지속적으로 충족된 상태를 유지하기 어려운 욕구이다. 일단 욕구가 충족되었다고 느껴도 다른 욕구가 생긴다는 것이다. 네 번째 단계인 존중(esteem) 욕구를 충족시키는 것이 부족하게 되면 그 원인에 대해서 열등감을 느끼게 되고 콤플렉스(inferiority complex)로 발전될 가능성이 있다.

■ 인지적 욕구

문화 및 교육 등 개인이 성장하면서 형성되는 개인차가 뚜렷한 인지적 욕구이다. 수용자 개인이 속한 문화나 교육에 기반을 둔 경험을 통해 인지적 욕구가 형성되며, 어떤 특정한 대상이나 경험에 대해서 이해를 추구하면서, 이 과정에서 새로운 것을 알아가는 과성의 기쁨으로 형성되는 욕구이다. 일반적으로 인지적 욕구는 개인 간에 차이가 뚜렷하며, 이 욕구에 따라 새로운 정보를 추구하는 행동이 결정된다.

■ 심미적 욕구

아름다움에 대한 욕구이다. 특별히 문화 및 예술 등에서 아름다움 추구하고 주위의 자연, 환경을 통해 심미적 욕구를 보상받는다. 이 욕구는 외적 아름다움보다는 오히려 정서적, 감성적인 내적 아름다움을 추구하고자 하는 욕구라고 이해할 수 있다. 이 욕구가 발현되면, 문화 및 예술을 통해 해소하고자 한다.

7장

수용자론

제7장

수용자론

설득커뮤니케이션 과정에서 설득 효과를 만드는 데 관여하는 요인은 전달자(커뮤니케이터), 메시지, 미디어, 수용자 등이 있다. 즉 이들에 대한 설득 전략으로 설득효과를 다르게 창출할 수 있다는 것이다.

그 중에서 수용자에 대한 이해가 필요한 것은 결국 전달자, 메시지, 미디어를 설계하는 과정에서 가장 우선적으로 고려해야 하는 대상이 바로 수용자이기 때문이다. 수용자를 중심으로 그에 맞는 전달자, 메시지, 미디어를 선택하고 설계해야 한다. 같은 설득 전략이라도 수용자 특성에 따라서 설득 효과는 차이를 보인다. 전달자 중심의 접근은 결국 전달자의 특성이나 메시지를 어떻게 만들고 어떤 경로를 통해 메시지를 전달하는가의 문제라면 수용자 관점에서의 접근은 결국 수용자의 특성을 어떻게 이해하고, 그 특성에 기반을 둔 설득전략을 수립하는가의 문제로 이해할 수 있다.

1. 수용자

수용자는 전달자가 목표로 해서 메시지를 보내고 또 그 메시지를 직접적으로 받는 개인이나 집단을 말하며 설득커뮤니케이션의 대상자를 말하며, 커뮤니케이션 타겟으로 표현하기도 한다. 설득 대상은 광고에서는 소비자, 정치에서는 유권자로 이해할 수 있다.

수용자의 개념이 커뮤니케이션 영역에서 점점 더 중요하게 다루어지고 있으며, 같은 맥락에서 마케팅 커뮤니케이션에서도 소비자의 특성을 이해하는 것이 더 중요해지고 있다. 수용자에 대한 역사적인 이해 역시 변화해 왔는데, 초기에는 수용자를 수동적 존재로 이해했다면, 시간이 지날수록 수용자의 능동성에 초점을 맞추고 있다.

■ 수동적 존재로서의 수용자

수용자를 수동적인 존재로 설명하는 관점이다. 초기 커뮤니케이션 이론인 탄환이론(the bullet theory), 피하주사이론(the hypodermic needle theory)은 이 관점을 가장 쉽게 설명하고 있다. 탄환이론은 총을 쏘는 것처럼 수용자가 커뮤니케이션 메시지에 노출되면 효과가 직접적으로 발생한다는 주장을 담은 이론이며, 피하주사이론 역시 주사를 맞으면 효과가 발생하는 것처럼, 커뮤니케이션 효과 역시 즉시 관찰된다고 주장하고 있다.

수동적 수용자 개념이 등장한 배경을 살펴보면 대중사회이론과 행동주의 심리학의 이론으로 그 배경을 설명할 수 있다.

먼저 20세기 초 대중사회이론(the mass society theory)은 산업혁명 이후 산업화, 근대화, 도시화 현상이 나타나면서 대중사회가 등장했고, 이 대중사회는 동질성, 익명성, 상호고립성, 비조직성, 비참여성 등을 지닌 대중(mass)으로 이루어진다고 설명하고 있다. 이 이론에서 대중사회 구성원은 불특정한 대중으로 조직 속의 개개 원자가 되며, 대중전달(매스 커뮤니케이션)에 의해 사람들은 직접적인 영향을 받는다고 주장하며, 사회는 거대산업 발전과 대량의 획일적 생산을 바탕으로 존재하며 사람도 그의 생활도 획일화된다는 인식을 가진다. 결국 개인 차이 혹은 개성이라는 관점이 존재하기 어려운 사회현상을 설명하고 있다.

행동주의 심리학(the behaviorism)은 심리학을 인간의 내성에 의해서 파악하는 것보다 드러난 행동을 해석해서 심리현상을 파악해 나가려는 과학주의 심리학이다. 이 관점은 인간이나 동물 행동을 자극에 대한 반응으로 이해하고, 이 반응 혹은 행동을 공식 또는 모형에 의해 설명될 수 있다고 설명한다. 행동주의 심리학 관점을 설득커뮤니케이션에 적용하면, 설득메시지라는 자극이 가해지면, 설득 효과라는 반응이 나타나는 단순한 과정으로 이해할 수 있다는 것이다.

사회적 상황 또한 수동적인 수용자 개념을 지지하는 현상을 보였다. 새롭게 등장한 라디오, 텔레비전 등 매스미디어는 상대적으로 경험이 적은 대중을 상대로 매우 강한 효과를 나타냈다. 만들어진 신문기사로부터 촉발된 미국과 스페인 간의 전쟁, 1차 세계대전과 독일 나치의 만행, 볼세비키 혁명 등 커뮤니케이션의 강력한 힘을 쉽게 관찰할 수 있는 사회적 상황이 여러 국가에서 관찰되었다.

이 관점에서는 수용자는 매스미디어의 영향을 받는 수동적 존재이므로, 수용자들의 내적 또는 심리적 요인들은 무시한 채, 커뮤니케이터, 메시지,

미디어 등에 관련된 외적 자극요인들에 주안점을 두고 설득 전략을 계획했다.

▣ 능동적 존재로서의 수용자

수용자를 앞에서 설명된 것처럼 커뮤니케이션의 영향에 무력한 단순한 수동적인 존재가 아닌 능동적인 존재로 이해하려는 관점이다. 수용자는 능동적으로 메시지를 선택하고 이해하고 받아들인다. 능동적 수용자 관점은 수용자가 자신이 가진 신념, 태도, 가치 등을 반영하여 선택적으로 메시지를 받아들이고, 그 메시지의 내용을 자신의 의견을 반영해서 이해한다는 관점이다. 결국 같은 메시지라도 설득 효과는 수용자 개인의 특성에 따라 다르게 나타날 수 있다.

수동적 존재인 수용자에 대한 의문이 발생한 이유는 같은 메시지를 받은 수용자에서 관찰되는 다른 반응이었다. 수용자가 수동적 존재라면 같은 메시지를 받는 경우에는 비슷한 설득 효과를 기대할 수 있어야 한다. 하지만 대부분의 상황에서 커뮤니케이션 메시지에 대한 독특한 반응이 관찰되곤 했다. 이 차이를 설명하기 위해서는 결국 수용자의 개인 차이(individual difference)를 중개변인으로 고려할 필요가 있었다. 그 중 대표적인 요소는 선별적 노출(the selective exposure)이다. 수용자가 메시지에 노출될 때, 수용자는 자신이 관심 있는 것만을 선별해서 받아들이고 그렇지 않은 것들은 기피하는 현상이다.

신행동주의 심리학 관점도 결국 자극과 반응이라는 단순한 설명으로는 심리학 현상을 충분히 설명할 수 없었기 때문에 유기체(Organism)이라는 중개변인을 자극과 반응 사이에 두는 해결책을 찾을 수밖에 없었다.

여기서 중요한 것은 자극과 반응이 직접적으로 연결되는 것이 아니라 그 매개하는 유기체의 특성에 따라서 자극과 반응이 다르게 연결된다는 것이다.

이상에서 살펴본 것처럼 능동적인 수용자의 관점이 확립되면서 메시지, 커뮤니케이터, 미디어 등에 관련된 자극변인들을 독립변인으로, 수용자들의 속성에 관계된 수용자변인을 중개변인으로, 그리고 수용자들의 반응인 설득커뮤니케이션 효과는 종속변인으로 커뮤니케이션을 설명하는 모형을 구성하게 되었다.

■ 새로운 수용자 특성

미디어 발전 및 사회 변화로 능동적인 수용자는 새로운 특성들을 발현하기 시작했고, 그에 따라 이런 새로운 특성을 반영해서 수용자를 설명할 수 있다.

먼저 수용자가 갖는 조정자적인 특성인데, 수용자가 전달자와 적극적으로 상호작용을 하면서 전달자의 메시지를 변형하는 과정을 반영한 특성이다. 다음은 정보처리자적인 특성인데, 수용자가 정보를 나름대로 처리해서 선별적으로 수용하는 과정을 반영하고 있다. 수용자는 자아방어자 그러나 아부자적인 특성을 갖기도 하는데, 자신이 중요하게 생각하는 자신의 가치를 적극적으로 방어하는 특성을 보이며, 동시에 별로 중요하지 않은 주제를 다룬다면 전달자가 바라는 반응을 나타내는 아부자적인 반응을 보이기도 한다. 마지막으로 최근 인터넷 등 새로운 미디어의 출현으로 중요해지고 있는 정보추구자적인 특성인데, 이는 수용자가 더 이상 수동적으로 정보를 받는 것이 아니라 자신이 원하는 정보를 적극적으로 찾아서 각종 문제 해결에 그 정보를 이용하는 현상을 반영한다. 새로운 미디어 환경에서는 풍부한 정보가 존재하기 때문에 제한적인 정보를 통한 설득이 점점 더 어려워지고 있다.

결국 과거의 미디어는 수용자에게 어떤 영향을 주는가 라는 질문을 고민했다면, 현재 미디어에서는 수용자가 미디어를 가지고 과연 무엇을 하는가란 질문으로의 관점 변화가 이루어지고 있으며, 이런 이유로 능동적인 수용자의 특성이 더 강조되고 있다.

2. 수용자 정보처리행동

1) 수용자론 연구 분야

수용자의 정보처리행동(information processing behavior)과 정보추구행동(information-seeking behavior), 수용자의 선유요인 등으로 수용자와 관련된 연구를 분류할 수 있다.

먼저 정보처리행동은 수용자가 커뮤니케이션 자극을 어떠한 과정을 통해서 처리하는가 하는 문제에 주로 관심을 둔 연구 영역이다. 다음으로는 정보추구행동인데 수용자가 왜 정보를 추구하고, 또 어떻게 정보를 추구하는가에 관심을 둔 영역이다. 마지막으로 가장 보편적인 접근으로 수용자가 가진 특성에는 어떤 것이 있고, 그 특성 중에서 설득커뮤니케이션 과정에서 중요한 역할을 하는 것은 어떤 것이 있는가에 관심을 둔 연구영역이다.

2) 수용자 정보처리행동

설득커뮤니케이션의 정보처리행동을 설명하는 모형들은 메시지가 전달되고 그 효과가 발생하는 과정을 설명한다. 같은 과정이지만 연구자에 따라서 또 학문분야에 따라서 설명하는 모형에 약간의 차이가 있다.

- 호블랜드(Hovland): 주의 - 이해 - 수용
- 맥과이어(McGuire): 주의 - 이해 - 승복 - 파지 - 외적 행동
- 광고(AIDA 혹은 AIDMA): 주의 - 흥미 - 욕망 - 기억 - 행동
- 레비즈(Lavidge)나 스타이너(Steiner): 인지-지식-호감-선호-확신-구매

정보처리과정을 설명하는 다양한 모형들을 종합하여 설득커뮤니케이션의 이해-수용과정을 아래와 같이 항목별로 정리할 수 있다. 다음으로는 7가지 단계를 각각 설명하기로 한다.

〈그림 9〉 정보처리과정

주의 ➡ 지각 ➡ 이해 ➡ 학습 ➡ 태도 ➡ 기억 ➡ 행동

■ 주의

정보처리행동을 설명하는 첫 번째 단계는 주의 단계이다. 주의 단계는 외부로부터 들어오는 여러 가지 자극들을 분류해서 선별하는 감각적 작용이다. 지속적으로 많은 자극을 처리하는 수용자는 노출된 메시지 혹은 자극에 제한적인 주의를 기울일 수밖에 없다. 설득에서 성공하기 위한 첫 번째 단계는 결국 수용자의 주의를 끄는 일이다.

수용자의 한계적 특성은 우선 주위를 기울이는 지속시간의 한계가 있는데, 보통 5~8초 정도의 시간에 주의 집중 여부가 결정된다. 이런 이유로 TV광고는 현란한 변화를 영상에 담고 있다. 주의를 끌기 위해서는 최대 10초 정도의 유지 시간을 두고 새로운 변화를 주는 것이 효과적이다. 특히 어린이의 경우 광고에 반응을 보이는 모습을 관찰할 수 있다.

주위를 기울이는 범위에도 한계가 있다. 한 화면을 생각한다면 5개 이상 자극 요소가 존재하는 메시지는 그 모든 대상에 동시에 주의를 기울이는 것이 불가능하다. 따라서 광고에는 한 화면에 2~3개의 요소를 사용하는 것이 일반적이다. 이런 경우에도 주된 요소와 그 요소를 보조하는 요소의 역할을 명확하게 할 필요가 있다. 제품을 들고 있는 유명인이라면 표현 및 촬영 기법을 활용해서 전경이 되는 주요 요소와 배경이 되는 보조 요소를 구별해서 화면을 구성해야 한다.

커뮤니케이션 메시지의 강도에 따른 수용자의 한계는 감각역(threshold of sensation)과 주의환기치(attention value)를 고려할 수 있다. 감각역은 수용자가 감각할 수 있는 최소의 강도이며, 주의환기치는 다른 자극과 구별되어 특별히 주의를 끌 수 있을 만큼의 경쟁 강도를 의미한다. 감각역의 경우 분명하게 메시지를 인식할 수 있는 정도의 강도를 확보하는 것이 중요하며, 주의환기치는 결국 다른 자극과의 경쟁에서 승리하고 수용자의 주의를 끌기 위해서 필요한 메시지 강도이다.

주의환기치를 결정하는 요인에는 수용자가 가진 내적 요인과 외부로부터의 외적 요인이 있는데, 먼저 내적 요인은 수용자의 생리적 상태, 특성 등이 있으며, 외적 자극 요인(stimulus factors)으로는 자극의 변화, 강도, 크기, 색, 위치, 움직임, 대조, 반복, 고립, 독특함 등이 있다.

주위를 끌기 위해 필요한 자극의 변화는 방향 및 강약의 변화가 대표적이다. TV 광고는 약 20초~30초의 짧은 시간 동안 롱쇼트, 클로즈업 등의 카메라 기법을 활용해서 화면의 변화를 극대화하고 있으며, 포함되는 음악이나 색 등 다양한 구성 요소에 느껴질만큼의 변화를 담아 수용자의 주의에 호소하고 있다.

강도(strength)는 수용자가 일반적으로 기대하는 수준과 주변 자극을 기준으로 한다. 잡지광고의 경우 다른 광고와 비슷한 수준의 또는 더 강한 화려하고 밝은 색채를 중심으로 메시지를 설계한다. 때로는 강도를 약하게 해서 다른 메시지와 차별화를 하는 전략을 사용할 수도 있다.

메시지의 크기가 클수록 주의를 끌기 쉽다. 문제는 크기를 키우는데 더 많은 비용이 든다는 것이다. 역이승법칙(square root law)은 이런 현상을 설명해주는데, 주의를 2배로 끌기위해서는 4배의 크기가 필요하다는 것이다. 결국 미디어에 따라서 적절한 크기를 활용할 수밖에 없다.

색은 메시지를 차별화하여 주의를 끌 수 있는 가장 좋은 방법이다. 인상적인 색채전략이 필요하며, 동시에 기업, 브랜드, 제품의 이미지를 표현할 수 있는 독특한 색을 확보하는 것도 필요하다. 때로는 화려한 색채 사이에서 흑백 메시지가 보다 효과적인 상황도 관찰된다.

메시지 위치는 과연 화면 어느 부분에 메시지의 구성 요소를 배치해야 하는가의 문제이다. 신문이나 잡지의 경우는 하반부보다 상반부, 오른쪽보다 왼쪽이 더 주의를 받는 부분이다. 신문의 가장 중요한 머리기사를 지면의 상단부 왼쪽에 위치시키는 것도 이런 원리이다.

메시지 내 구성요소의 움직임도 주의를 끌 수 있는 좋은 방법이다. 하지만 움직임이 너무 많으면 오히려 메시지 전달이 어려워질 수도 있다. 많은 움직임은 결국 메시지의 안정성을 해친다. 네온사인 광고가 처음 등장했을 때, 그 효과는 놀라울 정도였다. 화면을 디자인할 때 수평적 배치보다는 사선이나 수직선 형태의 배치를 활용하는 것도 움직임을 강조할 수 있는 방법이다.

대조는 여러 가지로 활용할 수 있다. 가장 단순한 크고 작은 글자나 이미지 요소를 이용하거나 대조 효과가 뚜렷한 색을 활용할 수도 있다. 수용자 관점에서 차이가 느껴지는 두 요소를 적절히 사용하면 수용자의 주의의 양과 동시에 주의를 기울이는 순서까지도 유도할 수 있다.

반복되는 이미지나 문구는 주의를 끌기 좋은 요소이고, 메시지 내에서 여러 가지 내용을 전달하는 것보다는 간결한 핵심적인 문구나 이미지를 반복하는 것이 더 효과적일 때가 많다. 물론 반복적인 구호나 이미지는 단조로운 혹은 지루한 메시지가 될 가능성도 있다.

고립은 대조로도 설명할 수 있다. 카피 배치나 이미지를 배치할 때 여백을 활용하면 고립된 이미지를 강조할 수 있고, 일반적으로 수용자는 고립해서 떨어져 있는 자극 요소에 가장 먼저 그리고 더 많은 주의를 기울인다. 커다란 하얀 여백에 조그만 상품 그림과 같이 활용되기도 한다.

독특함은 주의를 끄는 가장 강력한 방법이다. 처음 보는, 이전에는 없었던 메시지는 주의 확보에는 분명히 성공할 수 있다. 문제는 이런 독특함은 편안함과 연결되기 어렵다는 것이다. 평소에 보지 못했던 독특한 표현 양식이나 사물을 활용해서 설득 메시지를 설계할 수 있다.

■ 지각(perception)

메시지 지각은 통상 주의를 기울이는 순간 일어난다. 메시지가 너무 복잡하다면 주의와 지각을 구분할 수 있겠지만 설득메시지의 경우 지각이 잘 되도록 쉽게 구성되는 것이 일반적이므로 주의를 기울이는 과정에서 자연스럽게 지각이 일어난다고 가정해도 된다. 지각은 외적 자극들을 받아들여 그것들을 의미 있게 조직해서 그 의미를 찾는 과정으로 이해의 전 단계이다.

수용자가 어떤 대상을 지각하는 과정을 선별적인 지각성향(selective perception), 조직성(organization), 항상성(constancy), 간결성(parsimony) 등으로 설명할 수 있다. 물론 주어진 외부 환경이나 수용자의 심리적 조건들에 의해 동일한 사물에 대해서도 다르게 지각될 수 있다.

선별적인 지각성향은 주의를 기울여서 받은 정보 중에서 수용자가 원하는 것만을 골라서 지각하는 과정이며, 조직성은 받아들인 자극을 있는 그대로 지각하는 것이 아니라 대상에서 본질적인 것만을 추출해서 수용자에게 유의미한 형상이나 형태로 조직화하는 과정이다. 선별성과 조직성 때문에 메시지 자체가 거부되기도 하고, 또 그 내용이 왜곡되는 현상이 관찰되기도 한다. 지각의 항상성은 내가 보던 그대로 지각한다는 의미이다. 지속성 혹은 안정성을 지키기 위해서 습관화된 지각행동을 하게 되고 그에 따라 실제 메시지와 지각된 메시지에 차이가 발생하기도 한다. 마지막으로 조직성과 함께 지각된 메시지를 되도록 간결하게 정리하는 특성이 관찰되기도 한다.

지각과 관련해서 형태주의 심리학자(Gestalt Psychologist)들은 혼란스러운 세상에서 의미 있는 지각이 가능한 상황을 설명하고 있다. 중요 원리는 인간의 마음이 형태에 대한 지각을 결정한다는 것이다.

그들의 장이론(the field theory)에 따르면, 인간은 지각(perceptual field)이란 감각 및 인지 창고를 가지고 있고, 주어진 외적 자극을 외적 환경 및 개인들의 문화적 배경, 휴머니티, 자아의식, 사회계층, 준거집단 등 요인과 결합하여 지각한다는 것이다. 이를 설명할 수 있는 대표적인 예는 바로 착시현상이다. 지각장에 존재하는 형태로 보이는 것을 지각하기 때문에 발생하는 것이 바로 착시이다.

게슈탈트(Gestalt) 이론은 굉장히 복잡하지만 지각과 관련된 부분을 정리해보면, 전체는 각 부분의 합계와 다르다는 주장처럼 인간의 마음 속에 지각된 이미지는 실제로 내가 주의를 기울이고 감각하는 이미지와 다르다는 것을 설명해준다. 여기서 게슈탈트(Gestalt)는 형태나 모양을 나타내는 독일어 명사이다.

독일의 학자 막스 베르트하이머(Max Wertheimer)는 기차 여행 중에 창 밖 풍경을 보면서 창틀에 가려진 부분마저도 제대로 지각되는 현상을 관찰하게 된다. 즉 받아들여진 창틀에 의해 잘려진 이미지가 머리 속에서 완성된 그림으로 지각되는 현상을 관찰한 것이다. 여기에서 인간의 지각이 보이는 그대로의 자극을 지각하는 것이 아니라 머리 속에서 구성된 자극을 지각하는 것을 발견한 것이다. 넘기면 그림이 움직이는 플립북도 같은 원리이며, 두 개의 좌우에 놓인 전구를 껐다 켜면, 마치 불빛이 움직이는 결로 느껴지는 현상도 같은 맥락에서 설명할 수 있다. 여기서 눈은 단순하게 자극을 받아들이고, 뇌는 감각된 자극을 경험과 지식의 지각장을 활용해서 이미지로 지각하게 된다.

게슈탈트(Gestalt) 이론의 내용 중에 인간의 지각 속성을 설명하는 법칙이 있는데, 이는 유사성의 법칙, 근접성의 법칙, 연속성의 법칙, 공동운명의 법칙 등이 있다.

유사성의 법칙은 유사한 물체나 자극을 하나의 집단으로 묶어서 인식하는 성향이다. 신문에서 글자 크기를 달리하는 것은 독자들이 빠르게 신문내용을 조직하고 이해하는 것을 돕는다.

근접성의 법칙은 가까이 있는 자극을 묶어서 하나의 집단으로 인식하는 성향이다. 글을 작성할 때 띄어쓰기를 하는 이유는 사람들이 붙어있는 글자들을 한 단어로 인식하는 것을 돕는다.

연속성의 법칙은 인간은 어떤 자극이 있을 때, 그 자극의 방향성에 따라 지속시키려는 방향으로 지각한다. 즉 선이 밖으로 향해 있는 그림을 보면, 그 선이 밖으로 계속 뻗어나가려고 한다고 뇌에서 해석하게 된다.

공동운명의 법칙은 같은 성격을 지닌 자극을 묶어서 하나로 지각한다고 설명한다. 예를 들어, 같은 방향을 나타내고 있는 것들이 있다면 그들을 한 집단으로 지각하게 된다.

전경과 후경은 지각에서 중요한 요소이다. 전경이라는 것은 결국 메시지에서 가장 중요하게 배치된 이미지이고, 후경의 경우는 전경을 강조하기 위한 배경의 의미가 있다.

전경이 되는 대상은 특성을 지니고 있는데 우선 균형 잡히거나 대칭적인 대상이 전경으로 지각된다. 안쪽보다 바깥쪽으로 굴곡진 모양의 대상, 작은 범위를 차지하는 대상, 익숙한 대상이 전경이 될 가능성이 크다.

Gestalt 이론을 적용할 수 있는 분야는 메시지를 디자인하거나 이미지를 디자인해서 배치하는 광고와 디자인이다. 가장 기본적인 접근은 특정한 대상이나 브랜드이름, 회사로고나 상표에 관심을 집중시키도록 한다. 또한 메시지에 전경 요소와 후경 요소를 명확하게 해서 수용자의 지각을 도울 수도 있다.

■ 이해

이해는 정보처리행동에서 주의를 기울여서 지각한 메시지의 정보에서 의미를 파악하는 과정이다. 의미를 파악하는 과정에서 메시지에 담긴 외연적 의미와 내포적 의미를 동시에 추출한다. 앞에서 언급한 독역성과 청이성이 중요한 결정 요소로 작용한다.

이해와 관련된 언어적 요인은 메시지 내용 자체에 관련된 것이며 사용된 문장의 길이나 문법의 복잡성, 사용된 문체의 특성 및 메시지 자체의 전체 질적인 측면 등을 고려해야 한다. 물론 앞에서 제시된 환경 요인이나 수용자의 내적 요인 등이 이해 과정에 영향을 준다.

언어적 요인으로 어휘가 있는데, 사용빈도가 높고, 친근하고, 짧은 어휘를 쓰는 것이 수용자가 메시지를 이해하는데 도움이 된다. 물론 아름답고 독특한 어휘를 구사하는 것은 수용자의 주의를 끌거나 지각되는데는 도움이 될 수도 있다.

언어적 요인인 문장도 수용자가 메시지를 이해하는데 직접적으로 영향을 준다. 문장은 10개 이하의 단어로 이루어진 길이가 짧게 구성하는 것이 수용자의 이해를 쉽게 한다. 가장 좋은 접근은 단어가 5개 정도의 짧은 문장과 10개 정도의 긴 문장을 적절히 배분하는 것이다. 문장의 적절한 길이를 파악하는 가장 좋은 방법은 소리 내어 읽는 것이다. 읽는데 큰 무리가 없으면 이해하는데도 큰 무리가 없다.

문체는 메시지의 설득 전략에 따라서 적절하게 선택할 필요가 있다. 문장의 길이에 따라 간결체와 만연체, 문장표현에 따라 강건체와 우유체, 문장의 꾸밈에 따라 건조체와 화려체, 문장에 사용된 말에 따라 문어체와 구어체, 문장의 리듬에 따라 산문체와 운문체가 있다.

이성적인 문장이라면 간결체, 강건체, 건조체, 문어체가 활용될 수 있고, 감성적인 문장이라면 만연체, 우유체, 화려체, 구어체가 활용될 수 있다. 주제에 따라서 적절한 문체를 활용하면 수용자가 더 빠르고 쉽게 이해할 수 있다.

마지막으로 메시지가 단순한 문법적 구조를 가지면 수용자가 그 내용을 쉽게 파악하고 이해할 수 있다. 간단한 문법 구조라는 것은 단문 중심의 일반적인 문장 구조를 뜻한다.

메시지를 이해할 수 있는 능력을 가지고 있는가 하는 수용자 요인 또한 메시지 이해에 중요한 요소이다. 수용자의 교육정도, 수용자의 경험, 학습동기, 인지속도와 기억한계, 메시지를 이해하는 노력 양 등이 모두 메시지 이해 과정을 결정하게 된다.

▣ 학습

수용자 정보처리행동에서 학습은 주의를 기울여서 지각된 메시지를 이해한 후 그 내용을 습득하는 과정이다. 이해와 학습은 불가분의 관계이며 메시지가 간단할 경우 동시에 일어나기도 한다.

학습을 행동주의 관점의 자극반응설(the stimulus-response theories)로 설명할 수 있는 학습도 결국 자극과 반응 그리고 반복에 의한 연결이라는 3개의 개념으로 이해할 수 있다는 것이다. 여기서 학습이란 자극과 반응 간의 연결을 통하여 성립되는 습관의 고정이며 그 고정은 시행착오적인 행동의 반복이나 조건화에 의해서 이루어진다고 설명하고 있다.

이와 대조적으로 인지설(the cognitive theories)은 학습을 지적인 행동이며 통찰이라고 설명하고 있다. 문제 해결은 단순히 시행착오로 이루어지는 것이 아니라 통찰을 기초로 문제 해결을 위한 지각의 재구조화로 이루어진다고 설명한다. 행동주의의 경우 이미 익숙한 문제 해결 과정을 설명할 수 있고, 인지설의 경우는 전혀 새로운 문제를 어떻게 재구조화를 통해서 해결할 수 있는 지를 설명하고 있다.

학습량에 영향을 주는 요인으로는 일단 수용자 내적 요인과 외부 요인으로 구분할 수 있고 수용자 내적 요인은 능력, 동기, 준비 등으로 요약할 수 있다. 학습에 대한 동기가 클 때, 능력이 충분할 때, 준비가 충분할 때 더 많은 정보를 학습할 수 있을 것이다.

외적 요인으로는 학습을 촉진할 수 있는 상이나 벌, 직접 학습 과정에 참여하는가 또 학습하고자 하는 메시지가 수용자에게 중요한가 하는 점들을 제시하고 있다. 또한 많은 양의 정보를 장시간에 학습하는 것보다는 일정한 간격을 두고 나누어서 학습하도록 유도하는 것이 결국 학습 성과를 높이는 방법이다.

■ 태도

태도의 변용 단계에서 설득 메시지를 받은 모든 수용자들의 태도가 반드시 변용되는 것은 아니며, 또한 반드시 설득 메시지에서 제시된 주장이나 결론의 방향과 일치가 되는 것은 아니다. 설득하고자 하는 방향과 반대로 태도변화가 일어나는 역효과를 부메랑 효과로 부를 수 있다. 부메랑 효과는 많은 분야에서 사용되는 용어로 반대되는 효과가 관찰되었을 때를 설명하고 있다.

태도는 기본적으로 호의적 비호의적 방향성, 그 태도가 얼마나 센가를 나타내는 강도, 그리고 마지막으로 얼마나 중요한가를 나타내는 현저성(중요성)으로 정의할 수 있다. 태도를 구성하는 요소는 인지적 요소(정보가 옳다, 그르다), 정서적 또는 감정적 요소(좋다, 나쁘다, 싫다), 행동적 요소(무엇을 할 용의가 있다)이다.

태도가 가진 기능을 공리적 기능(utilitarian or adaptive function), 지식적 기능(economy or knowledge function), 표현적 기능(expressive or self–realizing function), 자아방어적 기능(ego–defensive function)으로 분류해서 이해할 수 있다.

마케팅과 관련해서 태도변용은 지적인 태도(고지 광고), 정서적인 태도(브랜드 광고), 행동적인 태도(구매시점 광고)를 그 변화 목표로 하며, 태도의 변호, 생성, 강화를 만들어낸다. 일반적으로 마케팅에서 가장 먼저 집중해야할 부분은 기존 태도의 강화(브랜드충성도)이며, 그 다음으로 새로운 고객을 유치하는 태도의 생성, 그리고 마지막으로 경쟁사의 고객을 우리 고객으로 만드는 태도의 변화이다. 성숙기 식음료처럼 안정된 시장에서는 고객 유지가 가장 중요한 마케팅 전략이며, 휴대폰 시장처럼 포화상태이지만 브랜드 충성도가 약한 분야 혹은 전자제품처럼 지속적이 신제품 개발로 경쟁이 치열한 경우에는 경쟁사의 기존 고객을 우리 고객으로 만드는 브랜드 전략이 필요하다. 신제품, 신시장처럼 새로운 고객이 많이 존재하는 상황에서는 누가 빠르게 새로운 고객을 유치하는가가 결국 제품이나 브랜드의 성공과 직결된다.

■ 파지(retention)

설득 과정을 통해서 지각, 이해, 학습되어 변용된 태도가 파지되었다가 어떤 기회가 주어지면 행동으로 표출하게 된다. 파지된 태도는 장기간 동안 파지 내지 지속될 가능성도 있으나, 일반적으로 특별한 강화가 없으면 감소되기 시작하고, 단기간 내에 기존 태도로 복귀할 가능성도 있다.

커뮤니케이션이 끝난 후에 오히려 태도 변용이 증가되는 상황이 관찰되기도 한다. 두 가지 이론이 이 현상을 설명하는데, 수면자 효과, 반향효과가 있다. 우선 수면자 효과는 전달자에 대한 효과가 사라지면서(공신력이 낮은 경우), 오히려 진체 메시지에 대한 대도 효과는 키지는 것, 다시 설명하면 정보 자체가 갖는 설득력에 해가 되는 공신력이 낮은 전달자의 효과가 시간이 가면서 사라지면서 손해였던 메시지 자체의 설득 효과가 나타나는 현상이다. 반향효과는 메시지 자체의 처리를 대상으로 한다. 일정한 시간이 경과한 후, 받아들였던 정보들이 처리되면서 실제로 태도의 조직구조가 변화해서 완전한 태도변용이 이루어지는 상황이다. 파지는 기억처럼 장기적 효과(long-term effects)와 단기적 효과(short-term effects)가 있다

■ 행동

설득 중 광고나 선거 같은 경우는 수용자 행동의 변화가 궁극적인 목

표이다. 결국 태도 변용으로 인해서 행동이 표출되는 상황이 설득 효과의 목표라고 할 수 있다. 태도는 행동이다라는 명제가 전제되어 있을 때 정보처리행동의 마지막 단계인 행동을 관찰할 수 있다.

때로는 행동과 태도를 연결시키기 어려운 경우도 많다. 태도가 만들어졌다면 행동으로 연결되어야 하는데, 왜 행동으로 연결되지 않는가의 문제는 지금까지도 논란이 되고 있다. 이 과정을 설명하는 이론으로 이성적 행동이론 및 계획된 행동이론이 있다.

▣ 이성적 행동이론(Theory of Reasoned Action)/ 계획된 행동이론(Theory of Planned Behavior)

이성적 행동이론과 계획된 행동이론 모두 행동과 신념, 태도, 의도 간의 관계를 다루며, 모두 행동 의도를 행동의 가장 중요한 결정 요소로 제시하고 있다.

〈그림 10〉 이성적 행동이론

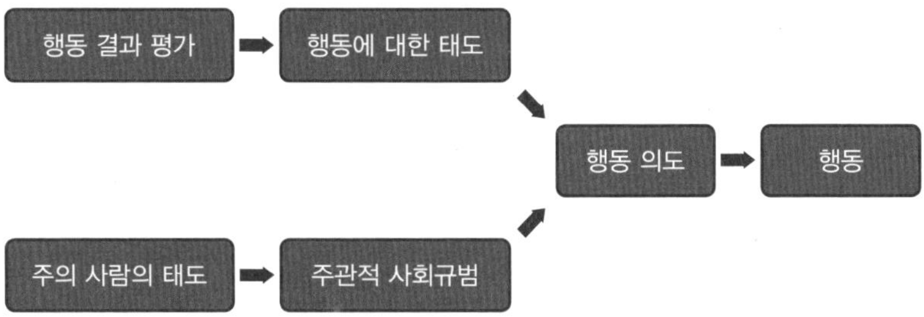

이성적 행동이론은 사람들의 태도와 행위의 관계를 설명하기 위해 Fishbein과 Ajzen에 의해 제안된 이론으로 행동으로부터 바람직한 결과

가 기대되고 개인이 긍정적으로 그 행동의 가치를 평가할 때 행동의도가 생기고 그 행동의도에 의해서 행동이 발생하는 것으로 설명한다.

〈그림 11〉 계획된 행동이론

계획된 행동이론은 이성적 행동이론(Theory of Reasoned Action)에 '인지된 행동통제' 변인을 추가한 이론으로, 행동과 신념, 태도, 의도 간의 관계를 설명하고 있으며, 행동을 결정하는 가장 중요한 요인으로 행동 의도를 제시하고 있다. '인지된 행동통제'가 사용되며, 이 개념은 수용자가 그들의 특정 행동을 성공적으로 통제할 수 있다는 개인의 신념으로 이해할 수 있다.

이 이론에 따르면 행동에 대한 수용자의 태도, 수용자에게 중요한 인물이 행동에 대해 긍정적 혹은 부정적으로 생각하고 있는지에 대한 신념(주관적 규범), 수용자가 특정 행동을 통제할 수 있는지의 인지된 행동통제가 행동의도에 영향을 준다. 인지된 행동통제는 행동이나 행동의도가 수용자의 통제를 벗어난 상황을 설명하기 위해서 추가된 변인이며, 수용자는 통제할 수 있는 환경에서 행동하기 위해 더 많은 노력을 기울일 것으로 예측할 수 있다.

〈표 6〉 계획된 행동이론(Theory of Planned Behavior) 주요 개념

개 념	정 의
행동 의도 (behavioral intention)	특정 행동을 실행할 인지된 가능성
태도(atiitude)	행동에 대한 개인적 평가
주관적 규범 (subjective norm)	주요한 사람들이 그 행동을 긍정적 혹은 부정적으로 생각하는지에 대한 신념 주요한 사람들로부터 승인을 받기 위해 행동하려는 동기
인지된 행동통제 (perceived behavioral control)	자신이 특정행동을 하는 것을 통제할 수 있는 지에 대한 신념

출처 : National Institute of Health(2005)에서 인용

여기서 행동에 대한 태도는 특정한 행동에 대한 긍정적 또는 부정적 평가를 의미하며, 그 태도는 행동에 대한 신념과 행동의 결과에 대한 수용자의 평가에 의해 형성된다. 주관적 사회규범은 동료, 가족, 미디어 등 주변의 주요한 사람의 행동에 대한 평가에 대한 인식과 이런 타자의 평가에 대한 수용자의 순응 의도를 의미한다. 인지된 행동통제는 행동을 실행할 수 있는 수용자 능력에 대한 인식인데, 행동이 용이하거나 어렵다고 판단하는 정도이다. 결국, 행동에 대한 태도와 주관적 사회규범이 긍정적이고, 인지된 행동에 대한 개인 통제감이 클수록 결국 행동의도가 강해지고, 행동의도가 강할수록 행동 수행 가능성이 커진다고 할 수 있다.

3) 선유요인

선유요인은 이미 존재하고 있는 요인이라는 의미이며 설득과 관련된 독립변인과 종속변인의 관계에 영향을 줄 수 있는 다양한 변인으로 작용한다.

설득 메시지 처리 과정이나 순서는 동일하나 그 결과인 반응은 수용자 특성에 의해 다르게 나타날 수 있다. 수용자 개인이 가진 선유요인이 중개변인으로 설득 자극과 설득 효과 사이에서 작용한다.

■ 선유요인 구분 방법

라자스펠드(Lazarsfeld)는 성별, 교육, 연령, 교육정도, 생활수준 등의 인구통계학적인 기본적인 요인, 성격, 기존 태도 등의 심리적 요인, 커뮤니케이션 습관 등을 포함하는 기타 요인을 제시한다.

코틀러(Kotler)는 사회경제적 요인, 지리적 요인, 심리적 요인, 기타 요인을 제시했는데 항목은 다르지만 일정한 연관성을 가지고 있다.

수용자에 관한 연구들이 밝힌 기본적 선유요인은 심리적 요인과 사회적 요인으로 분류할 수 있는데 심리적 요인은 기존 태도, 동기, 관심, 자아관여도 등이 있다. 사회적 요인은 소속집단, 준거집단, 사회계층이나 지위 등을 제시한다.

▶ 심리적 요인

심리적 요인 중 기존 태도는 설득하려는 방향과 기존 태도가 다를 때는 수용자가 메시지를 거부하거나 받더라도 왜곡 혹은 회피하는 반응을 기대할 수 있다. 이런 상황에서 설득이 일어나면, 태도 격차가 클수록 태도변화 양도 증가하는 것으로 나타나게 된다.

심리적 요인 중 동기는 앞에서도 이미 설명했듯이 메시지를 주의 깊게 꼼꼼히 검토할 수 있는 능력이다. 이용과 충족 이론(The theory of uses and gratification)을 보면 수용자 개인들은 능동적이고 목적지향적 존재로서 자신들의 욕구를 충족시키기 위하여 미디어를 이용하고 있다. 광고도 소비자의 욕구를 중시하고 그 욕구에 맞추어서 소구하고 있다. 관심이 있는가도 중요한 광고 요소이다. 같은 의미에서 자아관여도(ego-involvement)로 표현할 수도 있다. 나와 관련된 문제나 평가나 판단은 객관적이지 않을 가능성이 높다.

▶ 사회적 요인

소속집단 또한 행동에 영향을 미칠 수 있다. 소속집단의 구조, 규범, 문화, 사회적 역할, 그리고 그 안에서의 수용자 지위 및 다른 구성원과의 관계 등이 고려 대상이다. 소속집단과 다르게 준거집단은 기준 또는 모델이 되는 집단으로 수용자에게 영향을 미칠 수 있다.

수용자의 사회계층이나 사회적 지위도 중요한 선유요인이다. 자신이 속했다고 생각하는 사회계층이나 자신의 사회적 지위에 알맞은 태도의 기준을 가지고 있고 그 기준에 맞추어서 행동하기 위해 노력할 것이기 때문에 이런 선유요인 또한 절대적인 영향을 미칠 수도 있다.

이런 기본적 선유요인들은 수용자들의 행동에 직접 영향을 미치기도 하지만, 한편으로는 어떤 성향을 유발시켜서 간접적으로 효과를 나타내기도 한다. 즉, 기본적 선유요인이 직접 설득효과를 창출하기도 하지만, 기본적 선유요인이 2차적 선유요인을 거쳐서 설득효과를 창출하기도 한다.

▶ **1차 선유요인들 영향을 받는 2차 선유요인들**

선별적 노출성향(selective exposure)은 기존 태도나 관심에 일치되는 정보나 메시지 내용만을 접촉하려는 성향이며 유권자들의 자기선택성향(self-selection)으로 나타나기도 한다.

선별적 지각성향(selective perception)은 메시지에 노출되었을 때, 기존 태도나 관심 등의 선유요인들과 일치하는 방향으로 왜곡해서 지각하거나 해석하려는 성향으로 설득 내용조차 제대로 전달되지 않는 현상이 관찰될 수도 있다.

선별적 파지성향(selective retention)은 흥미가 있거나 기존 태도와 일치하는 내용은 기억하고 그렇지 않은 것들은 망각하는 성향을 의미하며 커뮤니케이션이 성공하더라도 기존 태도와 일치하지 않으면 강화나 지속적인 노력이 필요하다.

피설득성향(persuasibility)은 설득에 얼마나 취약한가를 설명하는 특성이다. 피설득성향이 낮은 사람은 설득의 영향을 잘 받지 않는 반면, 피설득성향이 높은 수용자는 설득을 잘 당하게 된다.

권위주의적 성격, 독단주의적 성격, 환성적 성격을 지닌 수용자가 피설득성향이 낮다. 자존심이 강하거나 공격적 성격을 지닌 수용자는 피설득성향이 낮다. 8-9세까지는 증가하며 그 이후에는 감소하기 시작하며, 남성보다는 여성이 피설득성향이 높다. 마지막으로 사회적 고립감을 느끼거나 사회적 인정 욕구가 높은 수용자는 피설득성향이 높다. 양육 방법도 수용자의 피설득성향에 영향을 미칠 수 있다. 조금 자유로운 분위기 속에서 자신의 의견을 제대로 표현할 수 있었던 수용자가 피설득성향이 낮을 것으로 예측할 수 있다.

▶ **저항성**(resistance to persuasion)

저항성은 어떻게 보면 피설득성향과 반대되는 개념으로 얼마나 설득에 대해 저항이 가능한가를 의미한다. 저항성이 필요한 상황은 부정적인 설득 상황에서 수용자가 설득당하지 않아야 하는 상황이다. 대표적인 상황으로는 커뮤니케이션 역기능으로부터 어린이나 청소년 같은 수용자를 보호하는 상황이다.

저항성을 유발하는 방법으로는 행동을 속박하는 방법, 다른 인지요소에 부착하는 방법, 사전 훈련 등이 있다.

행동을 속박하는 방법은 개인적으로 바람직한 태도나 행동을 결심하게 하거나 주위에 공표하게 하거나 프로그램이나 집단에 참여하거나 하는 형태로 실제로 현재 행동을 고착하는 방법이다. 이 방법을 통해 이후에 있을 설득에 대비한다.

다른 인지요소에 부착하는 방법은 이미 굳게 자리 잡은 다른 신념이나 가치에 현재 태도를 연결하거나 준거집단의 일반적 신념이나 가치에 연결해서 설득에의 저항성을 키우는 것이다.

사전훈련(the inoculation theory)은 수용자를 그들의 기존 태도를 반박하는 약한 설득커뮤니케이션 메시지에 미리 또 자주 노출시켜서 후에 있을 실제 설득에 대한 저항성을 강화하는 것이다.

8장

설득커뮤니케이션 이론

1. 정교화가능성모델
(Elaboration Likelihood Model; ELM)

2. 조건화 이론

3. 설득전문가 기법

4. 이야기의 설득

제8장

설득커뮤니케이션 이론

1. 정교화가능성모델(Elaboration Likelihood Model; ELM)

정교화가능성모델은 설득 및 태도변용과 관련하여 가장 일반적인 정보처리모델이며 실제적인 응용 가능성이 높은 모델이다. 정교화가능성모델은 사회 심리학자인 페티와 카치오포(Petty & Cacioppo, 1986)가 태도 변화를 설명하기 위해서 제시한 설득 이론이다. 수용자의 태도는 정보를 처리하는 상황에 대한 관여도와 수용자의 능력에 따른 정교화 노력의 정도에 의해 결정되며, 두 개의 경로를 통해 정보 처리가 이루어진다. 여기서 정교화가능성모델에서 중요한 것은 결국 수용자가 투여하는 사고의 양이다.

1) 정교화가능성모델 결정 요인

정교화가능성모델에서 중심 통로 및 주변 통로를 결정하는 요인은 결국 사고(elaboration)의 양이다. 주어진 쟁점과 관련된 주장(Issue-relevant argument)에 동기화되고 그 주장을 처리할 수 있는 능력이 비교적 높을 때 중심 통로(central route)를 통해 설득에 이르게 되지만, 그런 주장을 면밀히 살펴보기 위해 수용자가 동기화되어 있지 않거나 그럴 능력이 없을 때는 주변통로(peripheral route)를 통해 메시지를 처리한다. 중심통로에서는 합리적이고 이성적인 사고의 양이 늘어나며, 주변통로에서는 사고보다는 메시지 자체가 가지고 있는 다른 자극 요소에 의해 설득이 결정된다. 주변통로를 통한 설득은 또한 반복이 필요하다.

■ 사고(Elaboration)

정교화가능성모델의 결정 요인 중 가장 중요한 것은 결국 주제에 관련된 생각이다. 정교와가능성모델은 주어진 메시지에 대해 수용자가 얼마나 많은 생각을 하는가에 의해서 정보 처리 경로가 결정된다. 수용자의 주제와 관련된 생각의 양은 동기와 능력을 포함하는 여러 가지 요인에 영향을 받는다.

설득커뮤니케이션 과정에서 수용자가 어떤 생각을 하는지 알아보기 위해서는 수용자를 대상으로 하는 생각나열기법(thought-listing technique)을 쓸 수 있다. 이 방법은 어떤 메시지를 수용자에게 전달한 후에 수용자에게 그 전달 과정에서 생각한 내용을 나열하게 하는 기술이다.

■ 동기(motivation)

메시지에 대한 수용자의 생각의 정도를 결정짓는 요인 중에 가장 중요한 것은 결국 수용자가 전달된 정보를 처리하려는 동기(motivation to process information)라고 할 수 있다. 중심통로를 통한 정보 처리가 일어나기 위해서 먼저 정보를 처리하기 위한 수용자의 동기가 필요하다. 이런 동기에 의해 정보를 처리하려는 수용자의 인지적인 노력이 유도되고 그 결과로 메시지에 대한 생각이 가능하게 된다.

광고의 경우를 살펴보면, 수용자가 구매의사결정과 관련된 제품에 대해 동기화되어 있지 않거나 광고에서 제시된 정보가 자신과 관련이 없거나 중요하지 않다고 느낀다면 더 이상 메시지를 처리하기 위한 노력이 확장되지 않는다. 이런 경우라면 메시지의 처리보다는 기억될 수 있는 여러 가지 요인들이 결국 수용자에게 영향을 미치게 된다. 제품의 설득 메시지에 대한 수용자와 관련성을 확보하기 위해서는 수용자가 제품의 사용자이거나 잠재적 구매 가능성이 있는 사람들이어야 한다.

■ 능력(ability)

동기가 유발되면 깊은 생각을 유발하기 위해서 그 다음으로 필요한 것은 그 메시지를 이해할 수 있는 수용자의 정보처리능력이다. 정보처리능력은 수용자가 전달된 정보처리를 할 수 있는 능력이며, 결국 메시지를 수월하게 이해할 수 있는 능력으로 이해할 수 있다.

수용자가 메시지에 제시되는 정보를 이해할 능력이 없거나 메시지가 너무 복잡하고 어려울 때는 비록 수용자가 정보처리를 위해 동기화되어 있더라도 중심통로를 활용한 메시지 처리는 발생하기 어렵다. 예를 들면,

이해하기 어려운 외국어나 사투리로 된 메시지는 우리말이나 표준말로 만들어진 것다 중심적인 처리가 일어날 가능성이 적다.

2) 동기 및 능력에 영향을 주는 요인

커뮤니케이션 메시지에 대한 수용자의 동기 및 처리 능력에 영향을 주는 요인으로는 먼저 수용자의 기분을 고려해야 한다. 수용자의 기분이 우울하면 동기가 유도되기 어렵고 정보처리능력도 떨어지게 된다. 또한 수용자가 이미 가진 태도로 인해 동의할 수 없는 메시지는 정보 처리를 위한 동기가 유도되기 어렵다. 반대로 메시지에 대해 수용자가 개인적인 연관이 있으면 동기 유발이 쉬워진다.

다음으로는 수용자가 이미 지니고 있는 특성인 인지욕구(Need for Cognition)를 고려할 필요가 있다. 인지욕구는 사람마다 가지고 있는 특성으로 주로 후천적으로 개발되며 그 정도에 개인 차이가 있다. 인지욕구는 간단히 어떤 주제나 대상에 대해 생각하는 것을 좋아하거나 생각하고자 하는 습관을 가지고 있는 정도로 정의할 수 있다. 일반적으로 인지욕구가 높은 수용자들이 주제에 관련된 더 많은 생각을 한다.

수용자의 메시지 정보처리능력에 영향을 미치는 요인은 우선 수용자의 자세를 들 수 있다. 수용자가 바른 자세를 가지고 있을 때 메시지를 쉽게 이해할 수 있다. 앉거나 선 자세보다 누운 자세에서는 어려운 메시지를 해석하는 것이 더 어려워진다. 몸이 흐트러질수록 깊은 생각을 하기가 어려워진다. 또한 주변에 존재하는 소음 같은 주의를 분산하는 요인도 정보처리능력에 영향을 미친다. 빛이나 소리 등이 그 대표적인 요인이며, 수용자의 정보 처리 과정에 간섭할 수 있는 모든 자극이 주위 분산 요인이 된다.

메시지가 수용자의 태도와 일치하지 않는 경우에 그 주장이 설득력이 약하다면 주위 분산은 메시지의 설득력을 높일 수 있다. 주의 분산은 수용자가 메시지에 대해서 깊은 사고를 하는 정보처리과정을 방해하기 때문에 약한 주장을 제대로 분석하지 못하게 되므로 메시지의 설득력이 더 높아질 수 있다. 물론 이 경우 주의 분산이 없는 약한 메시지의 처리 효과와 비교하는 상대적인 설득력을 의미한다.

메시지를 수용하기 전의 주제에 관한 지식도 수용자의 정보처리능력에 영향을 주는 요인이다. 수용자가 전달된 주제와 관련된 많은 사전지식을 가지고 있으면 그 메시지에 관련된 많은 생각을 할 수 있다. 또한 사전지식이 많은 경우에는 어려운 메시지를 쉽게 처리할 수 있다.

3) 정보 처리 통로

정교화가능성모델에서 정보처리가 이루어지는 통로를 중심통로와 주변통로로 제시하고 있다. 중심통로는 사고의 양이 많은 비교적 합리적인 정보처리로 이해할 수 있고, 주변통로는 사고의 양이 적은 비교적 즉시적인 정보처리로 이해할 수 있다.

■ 중심통로

중심통로에서 수용자는 메시지 내용과 관련된 생각(Elaboration)을 많이 하게 된다. 이 과정에서 수용자는 주제에 대해 주의 깊게 정보와 주장을 분석하고 주제에 관련된 수용자의 경험, 기억 등을 최대한 활용하여 정보를 처리한다.

중심통로에서는 설득 메시지에 담긴 주장의 강도나 그 주장을 지지하는 증거가 중요하다. 일반적으로 이성적이고 논리적인 정보처리 과정으로 이해할 수 있다. 중심통로의 정보처리를 통해 만들어진 태도는 그 결과인 행동을 예측하기 용이하며, 주변통로와 비교할 때 견고하고 지속적이다.

■ 주변통로

주변통로에서 수용자는 메시지 내용과 관련된 생각을 적게 한다. 그 이유는 수용자가 메시지에 대해서 동기화되지 않거나 메시지를 제대로 해석할 능력이 없기 때문이다. 때로는 다른 요인들이 메시지에 대한 동기화나 능력을 저해하기도 한다.

이 통로에서는 수용자는 간단한 결정법칙인 직관이나 메시지 내용 자체가 아닌 다른 주변 요인에 따라 메시지에 대한 결론을 내린다. 주변요인의 대표적인 예는 앞에서 언급한 전달자 특성이다.

정교화가능성모델의 주변통로에서 주변요인으로 수용자의 결정에 영향을 미치는 것으로는 우선 메시지 내에 존재하는 설득 주장의 수이다. 설득 주장의 내용보다는 많은 주장이 있다고 점만으로 결론을 내리는 것이다. 다음으로는 전달자가 전문가일 때, 음악이나 환경 등 주목할만한 점이 있을 때 수용자는 이 내용을 바탕으로 메시지에 대해 결론을 도출한다. 물론 이 주변요인들을 활용해서 수용자가 결론을 내릴 때는 중심통로에서 관찰되는 주도적인 생각을 기대할 수 없다.

중심통로와 주변통로를 비교하면 우선 중심통로는 생각이 많은 이성적인 정보처리 과정이며, 메시지에 담긴 주장의 내용이 중요하며, 상대적으로 주변요인이나 주변단서는 덜 중요하게 된다. 반면에 주변통로에서는 이성적인 판단보다는 직관에 의존하는 과정이며, 이 상황에서는 주변요인 혹은 주변단서가 중요하며, 주제와 관련된 생각은 덜 중요하게 된다. 중심통로를 통해 확립된 태도는 비교적 강하며 지속될 가능성이 많으며, 주변통로를 통해 태도를 확립하기 위해서는 메시지의 반복이 필수적이며 오랜 시간이 필요하다. 중심통로를 통한 설득은 정보에 의존하는 정보처리이며 주변통로를 통한 설득은 눈에 띄는 단편적인 특징이나 이미지에 의존하는 정보처리이다.

광고 메시지에 정교화가능성모델을 적용해보면, 우선 목표가 되는 수용자의 특성을 고려해서 메시지를 설계해야 한다. 대중을 동시에 목표로 하는 경우에는 동기화가 어렵기 때문에 주변요인을 잘 설계한 광고메시지를 만들어야 한다. 전문잡지, 전문채널 같이 목표가 비교적 뚜렷한 미디어의 경우에는 특정 주제에 대한 관심을 가지고 있는 수용자가 존재하기 때문에 그 수용자의 욕구를 파악하고 동기화가 가능한 메시지 설계가 필요하다. 광고의 경우에는 수용자 능력이 메시지 이해에 큰 문제가 되는 경우가 드물다.

2. 조건화 이론

행동주의 학습이론에 따르면 개인행동은 학습 과정을 통해서 형성 및 수정될 수 있다. 인지학습과 달리 행동주의 학습에서는 반복도고 습관화된 조건화를 학습의 한 방법으로 제시하고 있다.

이러한 행동주의 관점에 따르면, 개인은 외부 자극에 반응하고, 학습은 특정 행동을 이끌어낼 수 있는 적절한 자극을 제시하고, 그에 알맞은 반응을 강화시키는 과정에 해당한다. 이러한 조건화 이론은 고전적 조건화와 조작적 조건화로 구분할 수 있다.

1) 고전적 조건화

이안 파블로프(Ivan Petrovich Pavlov)가 연구한 개의 침 분비 실험의 고전적 조건화(classical conditioning)는 마케팅 상황에서 가장 많이 사용되는 설득 기법 중 하나다. 고전적 조건화에서는 사물이나 주장(Conditional Stimulus)을 좋거나 싫은 반응(Unconditional Response)을 이끌어 내는 것(Unconditional Stimulus)과 연결하여 사물이나 주장에 대해 좋거나 싫은 반응(Conditional Response)을 나타내도록 유도한다.

개의 침 분비 실험을 예로 들면 '무조건자극(고기)-무조건반응(침)'을 활용하여 벨소리를 무조건자극과 함께 반복적으로 노출하여, 결국 바라던 조건 '자극(벨소리)-조건반응(침)'을 만드는 것이다.

또 다른 고전적 조건화의 예는 중립적인 문장에 대한 지지도 변화를 만드는 실험에서 찾을 수 있다. 중립적인 문장을 각기 다른 상황에서 반복적으로 제시한다.

첫 번째 상황은 유쾌한 점심식사 상황이며, 두 번째 상황은 불쾌한 냄새, 소리가 가득한 상황이며, 마지막은 아무런 변화가 없는 상황이다. 이런 상황에서 제시된 문장에 대한 호감을 살펴보면 유쾌한 식사시간에 문장에 반복적으로 노출된 집단은 문장을 과거보다 호의적으로 평가한 반면, 불쾌한 상황에서 문장에 반복적으로 노출된 집단은 문장을 과거보다 비호의적으로 평가하는 결과를 관찰할 수 있다. 중립적인 상황에서는 문장에 대한 호의/비호의 정도가 변화하지 않았다.

위의 실험에서 알 수 있는 것은 '냄새-불쾌', '식사-유쾌'의 무조건적 자극과 반응이 조건자극인 문장과 함께 연결되어 반복적인 노출에 의해서 결국 '문장-불쾌', '문장-유쾌'라는 조건자극과 조건반응을 만들어낸 것으로 유추된다.

이처럼 고전적 조건화는 반복적인 노출을 통해서 무조건자극과 조건자극의 연계를 만들어내고, 그 반복적인 노출 과정에서 무조건자극과 연계되어 있는 무조건반응이 조건반응이 되면서 조건자극과 연계가 생긴다. 후에 무조건자극과 무조건반응이 없어도 이미 형성된 조건자극과 조건반응은 그대로 유지된다. 여기서 더 나아가서 이렇게 형성된 조건자극과 조건반응을 이후에 다른 조건화 반응에서 무조건자극과 무조건반응으로 활용할 수 있다는 것이다.

이렇게 고전적 조건화를 여러 번 진행하게 되면 조건자극과 조건반응을 무조건자극과 무조건반응으로 사용하면서 새로운 조건화를 진행할 수 있다. 이런 여러 번의 고전적 조건화를 고차적 고전적 조건화라고 한다. 고차적이라는 의미는 2번 이상 조건화가 일어난다는 의미이다.

2) 광고 과정에서 조건화 이용

고전적 조건화에 의한 상품의 이미지 형성이 가장 중요시되는 것은 자기 관여도가 낮은 제품이나 기호제품의 경우이다.

조건화 대상 제품은 보통 인지에 의해 이성적으로 판단하는 제품보다는 미리 자기의 머리속에 구축된 상품의 인식이나 이미지 혹은 습성에 의해 판단하는 성향을 보인다.

성능이나 질이 경쟁사 간에 큰 차이가 없을 경우에는 특히 브랜드충성도가 축적된 이미지에 의해 구매가 정해질 확률이 극히 높다.

광고는 반복적인 노출을 통해서 제품에 특정 이미지를 연결시키는 전략을 활용한다. 광고되는 제품에 조건화를 활용해서 특정 이미지나 평가를 연계할 수 있다는 점이 조건화 이론이 가진 매력이다. 광고에서는 유명인이 가진 특정 이미지를 조건화 반응을 통해서 제품에 연결한다. 예를 들어, 신뢰의 이미지를 가진 유명인을 등장시키는 광고에서 무조건 자극과 무조건 반응은 유명인과 신뢰이미지이며, 제품과 유명인을 반복되는 노출을 통해서 연결시켜서 얻는 조건화는 결국 제품과 신뢰이미지가 될 것이다.

브랜드 확장도 같은 의미에서 조건화 반응이 적용된 예라고 할 수 있다. 특정 브랜드가 마케팅 과정을 통해서 어떤 이미지를 얻게되면 그 브랜드 확장을 통해서 브랜드가 붙은 제품에 브랜드의 이미지를 전이할 수 있다.

관찰 학습으로 조건화가 응용될 수도 있다. 기존 조건화는 실제 경험을 통해서 이루어지는데 비해서 광고에서는 단지 보는 것만으로도 소비자 마음속에 조건화를 할 수 있는 측면이 있다. 광고는 대리 학습적인 요소를 가지고 있어서 더 많은 반복이 필요하지만 소비자에게 직접 제품을 경험시킬 필요가 없다는 점에서 유리하다.

3) 소거

조건자극이 조건반응을 계속해서 인출하기 위해서는 조건자극과 무조건자극 사이의 연계가 지속적으로 이루어져야 한다. 조건화에 성공해서 조건자극과 조건반응 사이의 관계가 형성되었다고 할지라도 이후에 조건자극과 무조건자극이 전혀 연결되지 않는다면, 조건자극은 더 이상 조건반응을 만들 수 없다. 이를 고전적 조건화에서는 소거(extinction)라고 표현한다. 광고가 단발적으로 시행되지 않고 지속적으로 소비자들에게 노출되는 이유 중 하나도 연결된 자극 간 관계가 소거되는 것을 막기 위해서다.

4) 자극 일반화와 변별

중립 자극이 무조건자극과 연합되어 조건자극으로 형성 될 경우, 이 자극과 유사한 자극도 동일한 조건반응을 이끌어낼 수 있다. 이를 자극 일반화(stimulus generalization)라고 한다.' 일반적으로, 자극 일반화가 발생하는 자극과 조건자극 간에 유사성이 크면 클수록 자극 일반화가 더 잘 일어난다. 반대로 변별(discrimination)이란 자극 일반화와 반대로 조건자극 이외의 다른 자극에는 조건반응이 잘 일어나지 않는 것을 의미한다.

5) 조작적 조건화

고전적 조건화는 개인이 수동적인 반응이 중립 자극이 연결되는 것으로, 고전적 조건화에서 발생하는 반응을 반응 행동이라 했다. 반대로, 조작적 조건화는 외부 자극에 대한 개인의 능동적인 반응을 통해 형성되는 것으로, 조작적 조건화를 통해 형성되는 반응을 조작 행동으로 반응 행동과 구별했다. 조작적 조건화와 고전적 조건화의 차이는 보상과 처벌을 포함하는가와 반응 행동과 조작 행동으로 구별힐 수 있다.

6) 정적 강화와 부적 강화

조작적 조건화의 가장 핵심 개념은 강화이다. 개인이 원하는 것을 제공해 조건화를 이끌어내는 것을 말한다. 이때 고전적 조건화와 다르게 사람들은 자신이 한 행동의 결과로 제공되는 강화가 얼마나 유용한지를 바탕으로 행동을 계속할지, 혹은 하지 않을지를 결정하게 된다.

조작적 조건화 과정은 개인이 능동적으로 결정하고 반응하는 과정이라고 할 수 있다. 강화는 크게 정적 강화와 부적 강화로 나뉜다. 정적 강화는 개인이 선호하는 자극을 제시해 바람직한 행동을 이끌어내는 과정이다. 부적 강화는 개인이 싫어하는 자극을 제거해 바람직한 행동을 이끌어내는 과정으로 이해할 수 있다.

숙제를 하면 칭찬을 해주는 것은 정적 강화에 해당하는 반면 숙제를 하면 청소를 하지 않아도 되는 것은 부적 강화에 해당한다고 할 수 있다. 일반적으로 보상이 처벌보다 효과적이다.

7) 처벌

부적 강화는 개인이 혐오하는 자극을 제거해 바람직한 행동의 발생 빈도를 높이는 것인 반면, 처벌은 개인의 바람직하지 않은 행동을 억제한다는 측면에서 차이가 있다. 처벌에도 정적 처벌과 부적 처벌이 있다. 정적 처벌의 경우 개인이 혐오하는 자극을 제시해 바람직하지 않은 행동을 억제하는 방식인 반면, 부적 처벌은 개인이 좋아하는 자극을 제거해 바람직하지 않은 행동을 억제하는 방식에 해당한다.

8) 강화 스케줄

조작적 조건화에서는 강화의 시간 간격에 따라서 학습의 과정이 달라진다. 우선 강화는 지속적 강화 간헐적 강화로 구분할 수 있다. 지속적 강화의 경우 목표 행동이 발생할 때마다 즉시 강화를 제시하는 것인데, 일반적으로 행동을 막 학습하기 시작한 시기에 행동과 그에 대한 반응을 연결시키기 위해 사용한다. 지속적 강화를 통해 행동이 어느 정도 고정되면, 간헐적 강화를 통해서 행동을 지속시키게 된다. 이러한 간헐적 강화는 다시 일정한 간격으로 강화를 제시하는 고정 간격 스케줄, 간격을 짐작할 수 없는 변동 간격 스케줄, 일정한 강화를 제공하는 고정 비율 스케줄, 강화의 양에 변화가 있는 변동 비율 스케줄로 구분된다.

고정 간격 스케줄은 일정 시간이 지난 후, 발생하는 행동에 대해서 강화를 제공한다. 변동 간격 스케줄은 강화가 제시되는 시간이 일정한 것이 아니라, 임의로 정한 시간 범위 내에서 평균적으로 결정된다.

고정 비율 강화는 정해진 횟수만큼 행동을 한 경우, 강화를 제공하는 것이다. 변동 비율 강화는 특정 행동이 평균적으로 어느 정도 시행되었을 때 강화를 제공하는 것으로 강화를 받는 대상이 강화 스케줄을 전혀 알아차릴 수 없다는 것이 특징이다. 모두 변동 비율 스케줄의 예시라고 할 수 있다.

9) 태도 이미지 형성 장애를 설명하는 이론

■ 그늘효과

그늘효과는 두 가지의 뚜렷한 반응을 가져다주는 조건적 자극이 동시에 하나의 무조건적 자극과 짝지어져 원하는 조건적 자극과 무조건적 자극의 조건화를 방해하는 상황을 설명하고 있다. 예를 들면, CM송, 모델, 제품을 함께 조건화에 사용할 때, 모델이 광고 제품과 연결되기보다는 CM송과의 연결되는 경우이다. 즉, 조건화반응이 다른 중립의 조건자극에 연관되어 의도한 조건화가 일어나지 않는 경우이다.

■ 방해효과

방해효과는 이미 무조건적 자극과 짝지어져 그 무조건적 자극의 출현을 예견할 수 있는 조건적 자극 1과 다른 조건적 자극 2를 사용하면, 조건적 자극 2는 무조건적 자극과 조건화를 이루기 힘든 현상을 설명한다. 그 연계가 이미 사람들에게 친숙한 무조건적 자극과 조건적 자극의 사용은 다른 조건화 반응을 어렵게 한다.

■ 단독 무조건자극 효과

단독 무조건자극 효과는 과거에 조건적 자극과의 짝지음 없이 단독으로 너무 잘 알려진 무조건적 자극을 쓰면 조건자극과 조건화가 잘 이루어지지 않는 현상을 설명한다. 너무 친숙한 광고물의 사용은 원하는 이미지 형성에는 부정적인 결과를 초래할 수도 있다. 즉, 이미 너무나 확고한 이미지를 가지고 있는 무조건자극은 조건화 반응에서 사용을 피해야 한다.

■ 잠재적 억제효과

단독 무조건자극 효과와는 달리, 무조건적인 자극이 아닌 조건적 자극이 이미 독자적인 노출이 잦아서 사람들의 눈과 귀에 익숙해진 경우 일어나는 장애현상이다. 즉, 이미 사람들에게 익숙해진 상품이나 브랜드는 새로운 조건화를 시도하기 어렵다는 의미이다. 여기서 우리는 시판광고의 중요성을 인지할 수 있다(Launching 광고). 소비자들이 새로운 제품에 대해 어떤 태도나 이미지를 형성하기 전에 제품을 만들면 대대적으로 그 제품의 이미지를 형성할 수 있는 시판광고를 해준다.

■ 조건화가 어려운 상황

특정한 무조건적 자극과 조건적 자극의 경우는 조건화가 잘 이루어지지 않는다. 이 이유로 광고 제작에서 사전조사가 중요하다. 조건화를 위한 모든 것이 올바르게 준비되어 있어도 조건화가 이루어지지 않는 경우가 있으므로, 미리 사전 실험을 통해 효과를 살펴본다(CM, 모델, 그림, 사신, 색깔 등의 이미지 형성물).

새로운 제품 시판광고에서는 비교적 많은 고전적 조건화 이론의 적용이 가능하다. 신제품의 경우 이미지 형성이 가장 효과적으로 이루어질 수 있으므로 신제품 광고 시에는 당장 필요하지 않더라도 반드시 처음부터 이미지 구축 작업을 위한 장기계획을 세울 필요가 있다.

TV광고가 인쇄광고보다 이미지 형성에는 더 효과적이다. 새로운 이미지 형성을 목표로 한다면, 기존에 많이 사용된 이미지 형성물보다 새로운 광고 단서를 사용하는 것이 유리하다. 조건화에서는 전체적으로 통일된 이미지 형성물을 사용하는 것이 좋으며, 사전조사를 통해서 이를 확인해야 한다. 이미지 형성물(UCS)보다 광고한 상품(CS)을 먼저 또 길게 보여주어야 한다. 이미지 차별화는 제품의 속성이나 편의성, 사용동기 이외에도 광고 단서만으로도 만들어질 수 있다.

▣ 고전적 조건화와 조작적 조건화

선택적 반응이 전제되지 않은 고전적 조건화 모델은 일차적 유발자극을 사용한다. 선택적 반응이 이루어지는 조작적 조건화 모델은 행동목록 중에서 특정한 반응이 나왔을 때, 이를 강화하여 특정자극과 연결, 통상적인 반응으로 만든다. 반면에 조작적 조건화는 개인의 선택과정을 거친 후의 행동에 대한 보상(반응-강화), 고전적 조건화에서는 개인의 선택과정보다는 특정 반응을 위한 자극에 관심을 갖는다 (강화-반응)고 할 수 있다.

3. 설득전문가 기법

1) 설득의 전문가

순응(Compliance)은 설득에 커다란 반감 없이 따르는 것을 의미한다. 그 이유로는 수용자가 때로는 별 생각 없이 자극에 반응하기 때문이다. 이런 상황에서는 적극적인 메시지 처리가 일어나지 않기 때문에 설득을 하는 설득자의 능력에 따라서 설득 성공 여부가 결정되곤 한다.

현대는 커뮤니케이션의 시대이고, 커뮤니케이션 전문가 혹은 순응유도 전문가들은 설득을 더 효과적으로 하기 위해서는 끊임없이 사람을 연구하고 설득 기법을 개발했다.

순응 유도에 관한 전문가는 다양한 분야에서 활약하고 있다. 일단 가장 대표적인 분야는 광고와 마케팅이다. 광고와 마케팅은 소비자의 특성을 분석해서 그 분석을 바탕으로 자신의 제품, 브랜드, 기업의 특성을 소비자와 연결시키는 설득을 설계하는 분야이다. 설득을 가장 많이 활용하는 분야라고 할 수 있다.

정치가도 설득의 전문가라고 할 수 있다. 정치가는 유권자를 대상으로 가능한 모든 수단을 동원해서 자신을 알리고 그 과정에서 지지를 이끌어내야 한다. 주제를 가지고 설득하기 보다는 자신을 설득해야 한다는 점에서 다른 분야의 전문가보다 더 어려운 과제를 수행하고 있다고 생각할 수도 있다. 그런 이유로 우리나라의 정치커뮤니케이션은 인물 중심이기보다는 당 중심의 설계가 이루어진다.

판매원은 가장 전통적인 설득전문가이다. 과거에는 방문판매원이 대표적이었다면 지금은 보험설계사 혹은 매장 판매원이 설득전문가의 역할을 하고 있다. 성공적인 보험설계사는 수억대의 연봉을 받기도 할 정도로 설득기술이 곧바로 보상으로 이어지는 구조이기 때문에 설득에 대한 기술이 발전되고 있는 분야이다.

마지막으로 종교인과 사기꾼도 어떤 의미에서는 설득전문가라고 할 수 있다. 종교의 경우에도 오랜 전통을 바탕으로 사람들에게 호소할 수 있는 설득 기법을 지속적으로 발전시키고 있으며, 또한 지속적인 변화를 통해서 대중에게 사랑받기 위해 노력하고 있다. 바람직한 전문가는 아니지만, 사기꾼의 경우에는 일반적으로 잘 만들어진 시나리오를 가지고 희생자가 될 만한 사람을 대상으로 설득을 진행한다.

2) 순응유도전략

설득의 전문가가 순응 유도 전략으로 자주 사용하는 기법은 보상, 사회적 인정, 일치 혹은 약속, 우정 혹은 애호성, 희귀성, 권위 등과 관련된 것이다.

▣ 보상

먼저 보상은 상호작용에 기반을 두고 있다. 일반적으로 사람은 자신에게 호의를 베풀거나 무엇을 주었던 대상에게 순응하려는 경향이 있다. 여기서 발생하는 순응은 결국 보답의 차원에서 이해할 수 있다.

설문을 부탁할 때, 제공되는 현금이나 선물 등이 바로 이런 순응을 이끌어낼 수 있는 수단이다. 기부금을 모금할 때도 그냥 모금하는 것 보다는 식사나 선물을 준비하는 것이 더 많은 호응을 이끌어낼 수 있다. 고객서비스를 통한 관계마케팅은 바로 이런 보상의 심리를 잘 활용하는 예이다. 생일이나 결혼기념일에 받게 되는 쿠폰이나 축하메시지 이런 것은 크게 부담되진 않지만 그래도 구매 순간에 영향력을 발휘할 수 있는 빼놓아서는 안 되는 관계마케팅의 수단이다. 제품 구매 후의 확인전화나 친절한 서비스 이런 혜택이 결국 소비자에게 보상의 부담을 지우는 방법이라고 하겠다.

더 중요한 것은 이런 상호작용이 계속되면 기업과 소비자 간에 관계가 형성된다는 것이다. 이 관계는 결국 지속적인 호의 관계의 시작이 된다. 면전 문 닫기 기법은 이런 부담을 잘 이용하는 전략이다. 어떤 부탁에 대해서 거절하게 되면, 그 거절을 보상해야 한다는 부담이 생긴다. 따라서 다음에 가능한 부탁을 받게 되면 쉽게 그 부탁에 응할 것이라고 예측할 수 있다.

▣ 사회적 인정

사회적 인정의 특성은 수용자가 가진 특성 중 남에게 인정받고 싶어하는 또 대중을 따르려는 특성을 활용한 설득 기법이다. 인간은 대부분 다른 많은 사람들이 옳다고 생각하는 것을 따르려는 기본적인 성격을 가지고 있다.

예를 들어, 거리에서 세 사람 이상의 사람들이 하늘을 쳐다보고 있으면, 거의 대부분의 사람들이 지나가다 멈춰서 그곳을 함께 응시하게 된다. 또한 틀린 답이라도 다수가 옳다고 선택하면, 상당수의 사람들이 답을 알고 있음에도 다수가 선택한 답을 선택하게 된다. 쓰레기를 버리는 행동도 깨끗한 곳에는 쓰레기를 버리기가 힘들지만 이미 지저분한 곳에는 쉽게 쓰레기를 버리게 된다.

이런 사회적 인정을 마케팅에 활용한 설득 메시지는 다수 사람들의 선택을 강조하는 전략으로 설계할 수 있다. 홈쇼핑에서 쇼호스트가 "주문이 밀려들고 있습니다" "얼마 안 남았습니다"와 같은 멘트를 활용하여 사람들의 구매를 유도한다. 다른 전략으로는 패션 등에서 활용하는 유행이다. 패션 분야에서는 다음 계절에 유행할 제품을 예측하고 널리 알리는 관련 행사를 펼치고 동시에 다양한 미디어를 통해서 유행을 창출한다. 이렇게 창출된 유행은 다음 계절에서 많은 사람들에 의해 실제로 구현된다.

▣ 태도와 행동의 일치 혹은 약속

인간은 자신의 태도나 행동이 일관되게 보이려는 노력을 하게 된다.수용자가 일단 어떤 입장을 공개적으로 표명하면, 그 입장과 일치하는 설득 메시지에 약하다. 대표적인 예는 "The Four Walls Technique"이 있다. 이 기법은 일관성 있는 메시지에 "예"를 유도함으로써 최종적으로 전달자가 원하는 답에도 예를 얻어내는 기법이다. 순차적으로 질문에 대답을 하다보면, 나도 모르게 상대방의 질문에 긍정적인 대답을 제시할 수 밖에 없다.

The Four Walls Technique

1. 당신의 자녀에게 교육이 중요하다고 생각하십니까?

2. 숙제를 잘 하는 자녀가 교육적으로 유리하지요?

3. 그렇다면 빠른 컴퓨터는 숙제에 도움이 되겠지요?

4. 자, 그럼 당신은 이 컴퓨터에 대해서 알고 싶겠군요.

일치 혹은 약속이 적용되는 다른 기법으로는 문간에 발 들여놓기 기법(Foot In The Door), 미끼전략 (the bait-and-switch procedure), 낮은 공 기법(the low-ball technique) 등이 있다.

문간에 발 들여놓기 기법(Foot In The Door)은 The Four Walls Technique과 유사한 방법으로 들어줄 수 있는 작은 부탁을 성공시켜서 그 이후에 좀 더 큰 부탁을 성공시키는 전략이다. 호의 관계를 형성시키면 가능한 부탁은 거절하기 어렵다 우리 인간관계를 살펴보자. 친한 사이에 부탁을 거절하기가 쉽지 않다는 것을 발견할 수 있을 것이다.

미끼전략(the bait-and-switch procedure)은 바람직하지 않은 마케팅에 자주 활용되는 기법인데, 광고를 통해 싼 제품으로 소비자를 유혹한 후, 실제로는 다른 제품들을 판매하는 기법이다. 물론 실제로 미끼가 되는 제품을 제공하기도 하지만, 상당수의 경우에는 미끼 제품이 품절인 경우가 많다. 실제로 마트에서 많은 제품을 구매하게 유도되는 상황도 일치 혹은 약속으로 설명할 수 있다. 나도 모르게 구매하게 되었다. 이런 상황을 피하기 위해서는 구매가 필요한 품목을 미리 작성하면 도움이 된다.

낮은 공 기법(the low-ball technique)은 받을 수 있는 낮은 공을 먼저 던지는 것에 비유한 설득 기법이다. 사람은 매력적인 제안을 받으면, 그 이후에 좀 버거운 조건이 붙더라도 그 거래를 포기하기 어렵다는 것이다. 실제로 판매원은 거래 초기에 소비자에게 유리한 제안으로 설득하고, 거래 후반에 자신에게 유리한 조건을 제시한다.

자동차 세일즈맨이 손님에게 파격적인 가격 할인을 제시한 후에 거래 후반에 다른 부대비용을 추가해서 그 가격을 보전하는 방법도 낮은 공 기법이다. 통신사들이 마케팅에서 파격적인 가격 할인을 강조한 후에 뒤에 까다로운 조건들을 나중에 설명하는 것도 역시 낮은 공 기법으로 설명할 수 있다.

실제로 문간에 발 들여놓기 기법은 기부금 모금 같은 선의의 설득에서도 잘 관찰된다. 작지만 일단 기부를 시작한 사람은 그 이후에도 기부할 가능성이 높다.

■ 우정 혹은 애호도

인간은 자신이 좋아하는 대상의 부탁을 들어줄 가능성이 크다. 설득에서는 전달자의 매력성이나 애호성으로 이 성격을 활용한다. 설득 전문가가 설득을 시작하기 전에 노력해야 하는 부분은 바로 사람들이 자신을 좋아하도록 유도해야 하는 것이다.

수용자가 전달자를 좋아하는 이유는 여러 가지가 있다. 육체적인 매력일수도 있고, 자신과 유사해서 혹은 자신에게 좋은 말을 해서일 수도 있다. 때로는 함께 무엇인가 같이 하는 관계에서 호의가 생기기도 한다.

남성은 얼굴을 맞대고 하는 커뮤니케이션과 다른 미디어를 통하는 커뮤니케이션에 대한 효과에 차이가 없다. 반면에 여성은 대면 커뮤니케이션에 더 약한 면모를 보인다.

■ 희귀성

희귀한 것들을 가지려는 인간 본성을 활용한 설득 기법이다. 각종 미술품, 골동품, 고서화 등 희귀한 것의 가치는 상상을 초월한다. 일반적으로 소수의 작품을 남긴 작가나 비슷한 골동품이 많이 없는 경우에 특히 그 가격이 높다. 그 이유가 바로 이 희귀성 때문이다.

홈쇼핑에서 제한된 시간과 한정된 수량을 강조하는 것이 이 성격을 활용한 방법이며, 시간의 압박과 함께 매진될 가능성을 상조하면서 매출은 늘어난다.

명품 또한 이 희귀성을 강조하는 마케팅 전략이다. 일정 수준의 구매장벽을 쌓아서 누구나 가질 수 없는 제품으로 그 이미지의 가치를 높인다. 회원들만 이용할 수 있는 서비스나 VIP를 위한 제한된 서비스 등도 이 희귀성의 법칙을 활용하고 있다.

■ 권위

인간은 권위에 의존하고 따르려는 성격을 가지고 있다. 특히 우리나라처럼 권위적인 문화에서 교육을 받은 수용자의 경우, 그 특성이 더 심하다고 할 수 있다.

특히 자신이 친숙하지 않은 분야에서 그 성향이 더 강하고, 중요한 문제일 경우도 그렇다. 여기서 권위는 일반적으로 수용자가 인식한 권위이며 단순히 연기자가 의사가운을 입은 경우에도 같은 효과를 관찰할 수 있다.

4. 이야기의 설득

스토리텔링은 설득에서 매우 중요한 기법 중 하나이고, 우리 주변의 많은 커뮤니케이션은 이야기를 기반으로 하고 있다. 실제로 어린이들의 사회화 과정에서 이야기가 많이 활용되고 있다.

1) 이야기

미국의 작가 스토우의 작품인 'Uncle Tom's Cabin'은 노예제도 폐지운동 기관지 The National Era에 연재했다가 단행본으로 출판된 책으로 흑인노예의 비참한 생활을 담고 있다. 이 책이 노예제도 폐지에 끼친 영향은 매우 컸고, 미국인을 감동시켜 남북전쟁이 발생하는 하나의 계기가 되었다고 평가받고 있다.

이야기의 힘을 증명하는 또 다른 사례는 미국의 탐험가로 알려진 콜럼버스(Christopher Columbus)의 영웅적인 이야기이다. 일반적으로 콜럼버스는 지치지 않는 탐험가이자 모험가로 험난한 여정에도 불구하고 신대륙을 발견한 위인으로 묘사되고 있다. 이 이야기는 미국, 유럽의 시각에서 만들어진 이야기이다.

실제로 그가 아메리카 대륙(신대륙 역시 미국, 유럽의 시각이다)에 도착했을 때, 그 일행은 많은 학살과 강간을 저질렀으며, 많은 사람을 노예로 만들었으며, 탐험 중에 극단적인 인종차별주의 행태를 보였다.

우리 주변에서도 많은 이야기를 찾을 수 있다. 먼저 역사적으로 가장 많이 팔린 베스트셀러인 성경이다. 성경은 수많은 언어로 번역되어 세계적으로 가장 많이 읽는 책이다. 성경은 기본적인 전개는 이야기이다. 이야기로 전개되었기 때문에 대중들이 쉽게 읽을 수 있었으며, 그 내용을 쉽게 전달하고 수용자가 쉽게 이해하고 있었다. 성경은 가장 효과적이고도 성공적인 이야기를 활용한 커뮤니케이션의 예라고 할 수 있다.

2) 몰입(transportation)

이야기는 수용자의 신념, 감정, 행동 등에 영향을 준다. 특히 이야기가 효과적인 이유는 이야기는 개인적인 경험 그리고 하고 싶은 경험과 연결되어 수용자가 이야기의 세계로 빠져든다.

수용자가 이야기 속으로 길을 잃게 되고 이야기 속의 상상으로 빠져드는 상황을 몰입이라고 이야기할 수 있다. 모든 이야기가 이 몰입에 성공하는 것은 아니지만, 성공할 때 그 효과가 더 커진다. 이야기는 광고에서도 많이 쓰인다. 광고에 스토리라인을 넣었을 때, 수용자가 광고를 쉽게 이해하고 또 기억하는 것으로 나타난다.

몰입이미지 모형(Transportation-Imagery Model)에서 이야기의 효과를 잘 설명하고 있다. 먼저 이야기의 설득은 이야기가 어떤 이미지를 유도하며, 수용자에게 영향을 줄 때 잘 일어나며, 그 과정에서 심리적인 몰입이 일어나야 한다. 몰입 정도는 수용자의 상상력과 몰입력에 영향을 받는다. 몰입은 메시지에 사용된 예술적 기술과 이야기 형식에 영향을 받고, 이야기 전달 환경에 영향을 받는다. 즉 상상력과 참여를 유도할 수 있는 환경일수록 이야기의 설득이 성공하기가 쉽다.

몰입(transportation)의 측정은 인지요소 및 감정요소의 측정으로 이루어진다. 이런 측정 결과에 의하면, 남자와 여자는 비슷한 정도의 몰입성을 보여준다. 이야기의 즐거움을 추구하는 독자는 이야기 속의 허구적인 사실들에 비판적인 태도를 보이지 않는다.

이야기 속의 세계는 독자 혹은 수용자의 세계관에 영향을 미칠 수 있다. 이야기 속에서 자신의 롤모델을 찾거나, 이야기 속의 지나치게 폭력적이거나 선정적인 내용은 수용자의 사회에 대한 기준을 바꿀 수도 있다. 유언비어도 대부분 이야기 형태로 퍼지는 경우가 많으며, 이런 이야기는 특정 대상들에 대한 편견을 조장할 수도 있다. 이야기는 분명 효과적인 설득 수단이며, 점점 더 그 중요성이 강조되고 있다.

참고문헌

김경동(1998). 『정보사회의 이해』, 서울, 나남.

김우룡(1999). 『현대 매스미디어의 이해』, 서울, 나남.

김영석(2008). 설득커뮤니케이션, 나남.

오택섭·강현두·최정호(2006). 『미디어와 정보사회』, 서울, 나남.

차배근·리대룡·오두범·조성겸(1992). 『설득 커뮤니케이션 개론』, 서울, 나남.

Bettinghaus, E. P., & Cody, M. J. (1987) *Persuasive communication* (4th ed.). New York: Holt, Rinehart & Winston.

Biagi, S.(2002). *Media/Impact An Introduction to Mass Media*. Belmont: Wadsworth Publishing.

Cialdini, R.(2001). *Influence: Science and practice*(4th ed.). Boston: Allyn & Bacon.

Cialdini, R.(2007). *Influence: The Psychology of Persuasion*. New York: HarperCollins Publishers.

DeBono, K.G. (1987). *Investigating the social-adjustive and value-expressive functions of attitudes: Implications for persuasion processes. Journal of Personality and Social Psychology*, 52(2),

279–287.

Dillard, J. & Pfau, M.(2002). *The Persuasion Handbook: Developments in Theory and Practicen*. Thousand Oaks: Sage Publications.

Drake, R. & Sobrero, A.(1987). *Lateral orientation effects upon trait behavior and attitude behavior consistency. Journal of Social Psychology*, 127, 639–651.

Gass, R. & Seiter, J.(2010). *Persuasion, social influence, and compliance gaining*(4th ed.). Boston: Allyn & Bacon.

Gass, R. H., & Seiter, J. S. (2014). *Persuasion: Social influence and compliance gaining*(5th ed.). Boston, MA: Pearson.

Han, S. & Shavitt, S.(1994). *Persuasion and Culture: Advertising Appeals in Individualistic and Collectivistic Societies. Journal of Experimental Social Psychology*, 326-350.

Hogan, J. M. (2013). *Persuasion in the rhetorical tradition*. In J. P. Dillard & L. Shen (Eds.),

The Sage handbook of persuasion: Developments in theory and practice (2nd ed). Thousand Oaks, CA: Sage.

Jowett, G. S., & O'Donnell, V. (2015). *Propaganda & persuasion* (6th ed.). Thousand Oaks, CA: Sage.

Katz, D. (1960). The functional approach to the study of attitudes. *Public Opinion Quarterly*. 24 (2): 163–204.

McCroskey, J. C. (1997). An introduction to rhetorical communication (7th ed.). Boston, MA:Allyn and Bacon.

O'Keefe, D.(2002). *Persuation: Theory & Research*. Thousand Oaks: Sage Publications.

Perloff, R.(2017). *The Dynamics of Persuasion: Communication and Attitudes in the Twenty-First Century*, Routledge.

Petty, C.(1986). The elaboration likelihood model of persuasion. *Advances in Experimental Social Psychology*, 19(1), 123–205.

Petty, R. & Schumann, D.(1983). Central and peripheral routes to advertising effectiveness: The moderating role of involvement, *Journal of Consumer Research*. 10(2), 135–146.

Straubhaar, J & LaRose, R.(2007). *Media Now: Understanding Media, Culture, and Technology*. Belmont, Wadsworth Publishing.

ViVian, J. (2006). *Media of Mass Communication*. Boston: Allyn & Bacon. Andersen, K. (1971). Persuasion: Theory and practice. Boston, MA: Allyn & Bacon.